kochen & genießen

Unsere schnelle Küche

MOEWIG

„Gelingt immer!" steht auf dem Garantie-
siegel des Buchcovers. Dieser Qualitätsanspruch
ist uns wichtig, damit bei Ihnen zu Hause
auch wirklich alles reibungslos klappt. **Dafür
wird jedes Rezept von unserer Redaktion
mehrfach getestet.** Ernährungswissenschaftler
kochen und backen die Rezepte in unserer
Versuchsküche nach. Die Foodstylisten verwenden für die Fotos nur echte Lebensmittel, damit
alles natürlich ist und auch so aussieht. Nur,
wenn die Rezepte perfekt gelingen, veröffent-
lichen wir sie. Dafür steht unser Siegel.

Moewig ist ein Imprint der Edel Germany GmbH

© Edel Germany GmbH, Neumühlen 17, 22763 Hamburg
www.moewig.de | www.edel.com
2. Auflage 2016

Redaktion kochen & genießen:
Chefredakteur: Jessika Brendel
Konzeption, Text & Redaktion: Angela von Heiden
Redaktion: Stefanie Nickel (Ltg.), Kathrin Schmuck
Schlussredaktion: Silke Schlichting
Grafisches Konzept & Layout:
Caro Flohr, flohrdesign
Illustrationen: Caro Flohr, flohrdesign
Fotos: Food & Foto, Hamburg

Druck & Bindung:
optimal media GmbH, Glienholzweg 7,
17207 Röbel/Müritz

Printed in Germany

ISBN 978-3-86803-571-1

An die Töpfe, fertig, los!

Sie merken schon, heute haben wir es ein bisschen eilig und können es gar nicht erwarten, mit dem Kochen und Backen durchzustarten. Das liegt vor allem an den leckeren Rezepten rund um „Unsere schnelle Küche", die wir für Sie in diesem Buch zusammengestellt haben.

Entdecken Sie gemeinsam mit uns, wie Sie mit weniger als einer halben Stunde Zeit fixe Pfannengerichte, schnelle Pasta, Suppen, Fisch, Kurzgebratenes, vegetarische Speisen und Aufläufe aus dem Ofen zubereiten können. Zusätzlich zu unseren rasanten Rezepten haben wir uns außerdem von den Spezialisten fürs „Blitzkochen" inspirieren lassen: Tolles Fast-Food-Essen zum Selbermachen finden Sie ebenso in diesem Buch wie leckere Ideen aus der Asiaküche.

Und für alle, bei denen es manchmal noch schneller gehen muss, gibt es die Rubrik „20-Minuten-Küche". Da bleibt dann sogar noch Zeit für einen Kuchen – aber selbstverständlich für einen schnellen!

Übrigens: Damit alle Rezepte auch bei Ihnen zu Hause garantiert gelingen, wurden sie in unserer Versuchsküche mehrmals getestet. Einige Handgriffe sowie Tipps und Tricks helfen Ihnen zudem bei der Zubereitung.

Wir sind gespannt, wie fix Sie beim Kochen und Backen sind, und wünschen Ihnen viel Spaß beim Ausprobieren!

**Ihre Redaktion
kochen & genießen**

FIXES AUS DER PFANNE
S. 8

PASTA & CO.
S. 22

HERZHAFTES HACK
S. 36

20-MINUTEN-KÜCHE
S. 48

KÄSEHITS
S. 60

SUPPEN & EINTÖPFE
S. 72

VEGETARISCH
S. 84

FISCH & MEER
S. 94

KURZGEBRATENES
S. 104

AUS DEM OFEN   S. 116

ASIATISCH   S. 128

EXPRESS-
FAST-FOOD   S. 140

5-ZUTATEN-KÜCHE   S. 148

GESCHNETZELTES
& RAGOUT   S. 158

FÜR GÄSTE   S. 168

KUCHEN   S. 178

WISSENSWERTES

INHALT   S. 6

VORRATSTIPPS   S. 70

REGISTER   S. 188

Kasselerpfanne mit grünen Bohnen

ZUTATEN FÜR 3 PERSONEN
- ♥ 500 g TK-grüne-Bohnen
- ♥ Salz
- ♥ 1 Bund Lauchzwiebeln
- ♥ 150 g Kirschtomaten
- ♥ 3 ausgelöste Kasselerkoteletts (à ca. 150 g)
- ♥ 1 EL Öl ♥ Pfeffer
- ♥ 3 EL geriebener Käse (z. B. Emmentaler)
- ♥ 2–3 Stiele Petersilie

1 Gefrorene Bohnen in wenig kochendem Salzwasser ca. 10 Minuten dünsten. Lauchzwiebeln putzen, waschen und in Stücke schneiden. Tomaten waschen und halbieren. Bohnen abtropfen lassen.

2 Fleisch waschen und trocken tupfen. Öl in einer Pfanne (mit Deckel) erhitzen. Fleisch darin von jeder Seite 2–3 Minuten anbraten. Mit Pfeffer würzen und herausnehmen.

Lauchzwiebeln und Tomaten im heißen Bratfett ca. 3 Minuten anbraten. Mit Salz und Pfeffer würzen. ⅛ l Wasser angießen, aufkochen. Bohnen zugeben.

3 Koteletts drauflegen und mit Käse bestreuen. Zugedeckt bei schwacher Hitze ca. 3 Minuten schmelzen lassen. Petersilie waschen, hacken und darüberstreuen. Dazu schmeckt Bauernbrot.

ZUBEREITUNGSZEIT ca. 30 Min.
PORTION ca. 490 kcal
E 44 g · F 23 g · KH 21 g

MIT FRISCHEN BOHNEN
Kleiner Trick, damit's schnell geht: Gleich mehrere Bohnen nebeneinander aufs Küchenbrett legen und die Enden mit einem langen Messer abschneiden.

Sahnehähnchen mit Zuckerschoten

ZUTATEN FÜR 4 PERSONEN

♥ 200 g Langkornreis ♥ Salz
♥ 150 g Zuckerschoten
♥ 3–4 Stiele Estragon oder Kerbel
♥ 4 Hähnchenfilets (à ca. 150 g)
♥ 2 EL Öl ♥ Pfeffer
♥ 200 g Schlagsahne
♥ 1 TL Hühnerbrühe (instant)
♥ 300 g TK-Erbsen
♥ 1–2 TL mittelscharfer Senf

1 Reis in kochendem Salzwasser nach Packungsanweisung garen. Zuckerschoten putzen, waschen. Estragon waschen, Blättchen abzupfen. Filets waschen und trocken tupfen. Im heißen Öl von jeder Seite ca. 2 Minuten anbraten. Mit Salz und Pfeffer würzen.

2 Fleisch mit ¼ l Wasser und Sahne ablöschen. Aufkochen, Brühe und gefrorene Erbsen zugeben und alles zugedeckt ca. 6 Minuten schmoren.

3 Dann Zuckerschoten und Estragon zufügen und alles ohne Deckel weitere ca. 4 Minuten garen. Sahnehähnchen mit Senf, Salz und Pfeffer abschmecken und mit dem Reis anrichten.

ZUBEREITUNGSZEIT ca. 30 Min.
PORTION ca. 610 kcal
E 43 g · F 22 g · KH 57 g

GUT ZU WISSEN

Hähnchenfilets sind im Nu fertig: Sie brauchen sie nur kurz und kräftig anzubraten, und durch das Schmoren in Sahne werden sie gar, bleiben aber schön saftig. Dabei kocht die Sahne etwas ein und gibt der Soße eine leichte Bindung.

Schmortomaten mit Kabanossi

ZUTATEN FÜR 4 PERSONEN

- ♥ 3 Zwiebeln
- ♥ 2 Knoblauchzehen
- ♥ 1 kg reife Fleischtomaten
- ♥ 2 EL Olivenöl
- ♥ 200 g Kabanossi
- ♥ 20 g TK-italienische-Kräuter oder
  1 TL getrocknete italienische Kräuter
- ♥ 1 Becher (150 g) Mini-Mozzarellakugeln
- ♥ Salz ♥ Pfeffer

1 Zwiebeln und Knoblauch schälen. Zwiebeln grob und Knoblauch fein würfeln. Tomaten waschen und in grobe Stücke schneiden.

2 Öl in einer großen Pfanne erhitzen. Kabanossi in dicke Scheiben schneiden und kurz im heißen Öl anbraten. Herausnehmen.

3 Zwiebeln, Knoblauch, Tomaten und Kräuter in die Pfanne geben und bei starker Hitze ca. 10 Minuten kräftig braten, sodass viel Flüssigkeit verdampft. Wurst unterheben.

4 Mozzarellakugeln abgießen, unter die Tomaten heben und kurz schmelzen lassen. Mit Salz und Pfeffer abschmecken. Dazu schmeckt Ciabatta.

ZUBEREITUNGSZEIT ca. 25 Min.
PORTION ca. 430 kcal
E 21 g · F 32 g · KH 11 g

PRAKTISCH

Tiefgefrorene Kräuter verleihen Ihrem Essen einen Frischekick. Sie sind aromatisch, gut zu portionieren und ideal für den Vorrat. Es gibt sie im Supermarkt in vielen verschiedenen Mischungen.

Fischpfanne mit Senfschmand

ZUTATEN FÜR 4 PERSONEN

- ♥ 750 g Kartoffeln
- ♥ 2 EL Öl
- ♥ Salz ♥ Pfeffer
- ♥ 1 Bund Lauchzwiebeln
- ♥ 600 g Fischfilet (z. B. Seelachs oder Kabeljau)
- ♥ Saft von ½ Zitrone
- ♥ 200 g Schmand
- ♥ 2 EL körniger Senf

1 Kartoffeln gründlich waschen, nach Belieben schälen und vierteln. Öl in einer großen beschichteten Pfanne (mit Deckel) erhitzen. Kartoffeln darin zugedeckt bei mittlerer Hitze ca. 15 Minuten braten. Ab und zu wenden. Mit Salz und Pfeffer würzen.

2 Inzwischen Lauchzwiebeln putzen, waschen und in Ringe schneiden. Fisch waschen, trocken tupfen und in Stücke schneiden. Mit Zitronensaft beträufeln und mit Salz und Pfeffer würzen.

3 Lauchzwiebeln und Fisch zu den Kartoffeln geben und alles zugedeckt weitere ca. 10 Minuten bei mittlerer Hitze garen. Schmand und Senf verrühren und in die Pfanne geben, kurz aufkochen. Alles anrichten.

ZUBEREITUNGSZEIT ca. 30 Min.
PORTION ca. 380 kcal
E 32 g · F 14 g · KH 29 g

Zucchini-Salbei-Frittata

ZUTATEN FÜR CA. 8 STÜCKE

♥ 400 g Zucchini
♥ 1 Zwiebel
♥ 1 Knoblauchzehe
♥ 2 Stiele Salbei
♥ 5 Eier
♥ 100 ml Milch
♥ Salz ♥ Pfeffer ♥ Muskat
♥ 100 g Feta
♥ 2 EL Olivenöl

1 Zucchini putzen, waschen, abtrocknen und grob raspeln. Zwiebel und Knoblauch schälen, fein hacken. Salbei waschen, gut trocken tupfen und die Blätter von den Stielen zupfen. 4 Blätter in Streifen schneiden.

2 Eier und Milch verquirlen. Mit Salz, Pfeffer und Muskat würzen. Feta fein zerbröckeln.

3 Öl in einer beschichteten Pfanne (mit Deckel) erhitzen. Zwiebel, Knoblauch, Zucchini und Salbeistreifen bei starker Hitze darin braten, bis die Flüssigkeit verdampft ist. Mit Salz und Pfeffer würzen. Eiermilch darübergießen. Mit Feta und restlichen Salbeiblättern bestreuen.

4 Frittata zugedeckt bei schwacher Hitze ca. 15 Minuten stocken lassen. In Tortenstücke schneiden, anrichten.

ZUBEREITUNGSZEIT ca. 30 Min.
STÜCK ca. 150 kcal
E 9 g · F 11 g · KH 3 g

FRISCHE WÜRZE

Statt mit Salbei können Sie die Frittata auch mit Basilikum, glatter Petersilie oder mit einigen Kerbelblättchen aromatisieren.

Tomate-Mozzarella-Omelett

ZUTATEN FÜR 2 PERSONEN
- ♥ 125 g Mozzarella
- ♥ 4 mittelgroße Tomaten
- ♥ 4 Eier (Gr. M)
- ♥ 5–6 EL Milch
- ♥ Salz ♥ Pfeffer
- ♥ 1 TL Edelsüßpaprika
- ♥ 3 EL Olivenöl
- ♥ 2 TL TK-italienische-Kräuter

1 Mozzarella würfeln. Tomaten waschen und in Scheiben schneiden. Eier und Milch verquirlen. Mit Salz, Pfeffer und Paprikapulver kräftig würzen.

2 2 EL Öl in einer beschichteten Pfanne (24 cm Ø) erhitzen. Hälfte der Tomatenscheiben hineinlegen und mit 1 TL Kräutern bestreuen. Hälfte Mozzarella darauf verteilen. Restliche Tomatenscheiben, Kräuter und Mozzarella in gleicher Reihenfolge daraufgeben.

3 Eiermilch gleichmäßig darübergießen und zugedeckt bei schwacher Hitze ca. 15 Minuten stocken lassen. Omelett auf einen großen flachen Topfdeckel oder Teller gleiten lassen.

4 Rest Öl in der Pfanne erhitzen. Omelett umgedreht zurück in die Pfanne geben und offen ca. 5 Minuten fertig braten. Dazu schmeckt Bauernbrot.

ZUBEREITUNGSZEIT ca. 30 Min.
PORTION ca. 590 kcal
E 33 g · F 46 g · KH 7 g

FLOTT VARIIERT

Omeletts sind schnell wandelbar: Probieren Sie anstelle von Tomaten und Mozzarella doch auch mal Thunfisch aus der Dose, knusprigen Bacon, Oliven oder Fetakäse.

Sauerkrautpfanne mit Schweinefilet

ZUTATEN FÜR 4 PERSONEN

- ♥ 1 Zwiebel
- ♥ 600 g Schweinefilet
- ♥ 2 EL Öl
- ♥ Salz ♥ Pfeffer
- ♥ 1 Dose (850 ml) Sauerkraut
- ♥ 4 EL Ajvar (Paprikazubereitung; mild)
- ♥ 500 g frische Spätzle (Kühlregal)
- ♥ ½ Bund Petersilie

1 Zwiebel schälen und fein würfeln. Fleisch waschen, trocken tupfen und in Scheiben schneiden. Öl in einer Pfanne (mit Deckel) erhitzen. Fleisch darin pro Seite ca. 3 Minuten anbraten. Würzen und herausnehmen.

2 Inzwischen ca. 2 l Salzwasser aufkochen. Zwiebel im heißen Bratfett andünsten. Sauerkraut und Ajvar zufügen, mitbraten. Mit Salz und Pfeffer würzen. Alles zugedeckt ca. 15 Minuten schmoren.

3 Spätzle im kochenden Salzwasser nach Packungsanweisung gar ziehen lassen. Petersilie waschen, trocken schütteln, Blätter abzupfen und hacken. Spätzle abtropfen lassen.

4 Fleisch zum Sauerkraut geben und erhitzen. Mit Salz und Pfeffer abschmecken. Mit Petersilie bestreuen und mit den Spätzle anrichten. Dazu passt Crème fraîche.

ZUBEREITUNGSZEIT ca. 30 Min.
PORTION ca. 630 kcal
E 52 g · F 23 g · KH 49 g

Schupfnudel-Kürbis-Pfanne

ZUTATEN FÜR 4 PERSONEN
- ♥ 400 g Champignons
- ♥ 1 kleiner Hokkaidokürbis (ca. 600 g)
- ♥ 2 EL Butter
- ♥ 1 Packung Schupfnudeln (500 g; Kühlregal)
- ♥ 2 EL Öl
- ♥ Salz ♥ Pfeffer
- ♥ 100 g Feta
- ♥ 200 g Schmand
- ♥ ½ Bund Petersilie
- ♥ Rosenpaprika

1 Champignons putzen, waschen und halbieren. Kürbis waschen, vierteln und entkernen. Kürbis in feine Spalten schneiden.

2 Butter in einer großen beschichteten Pfanne erhitzen. Schupfnudeln darin goldbraun braten. Herausnehmen. Öl in der Pfanne erhitzen. Erst Pilze, dann Kürbis darin scharf anbraten. Mit Salz und Pfeffer würzen. 5 EL Wasser zugeben und alles bei mittlerer Hitze ca. 5 Minuten garen. Schupfnudeln zufügen und weitere ca. 5 Minuten braten.

3 Feta mit einer Gabel fein zerdrücken. Mit Schmand verrühren. Mit Salz und Pfeffer würzen. Petersilie waschen und in feine Streifen schneiden. Schupfnudel-Kürbis-Pfanne mit Salz, Pfeffer und etwas Rosenpaprika würzen. Mit Fetaschmand und Petersilie anrichten.

ZUBEREITUNGSZEIT ca. 30 Min.
PORTION ca. 550 kcal
E 17 g · F 27 g · KH 55 g

SCHNELL GEPUTZT

Sie können das Gericht natürlich auch mit jeder anderen Kürbissorte zubereiten. Der Hokkaido ist für die schnelle Küche allerdings besonders gut geeignet, weil man ihn nicht zu schälen braucht.

Hähnchenfilets auf Chorizoreis

ZUTATEN FÜR 4 PERSONEN

- ♥ 200 g 10-Minuten-Langkornreis
- ♥ Salz
- ♥ 4 Hähnchenfilets (à ca. 150 g)
- ♥ 3 EL Olivenöl
- ♥ 1 Zwiebel
- ♥ 1 rote Paprikaschote
- ♥ 100 g Chorizo (spanische Paprikawurst) oder Kabanossi
- ♥ 2–3 Stiele Petersilie
- ♥ Pfeffer
- ♥ 50 g schwarze Oliven (z. B. Kalamata)
- ♥ etwas Rosenpaprika

1 Reis in kochendem Salzwasser nach Packungsanweisung zubereiten. Filets waschen und trocken tupfen. 2 EL Öl in einer großen Pfanne erhitzen. Fleisch darin bei mittlerer Hitze von jeder Seite ca. 4 Minuten braten.

2 Inzwischen Zwiebel schälen, hacken. Paprika putzen, waschen und in Streifen scheiden. Wurst in Scheiben schneiden. Petersilie waschen, grob hacken.

3 Filets mit Salz und Pfeffer würzen, herausnehmen und beiseitestellen. 1 EL Öl im Bratfett erhitzen. Zwiebel, Wurst und Paprikastreifen darin ca. 3 Minuten braten. Reis und Oliven zufügen und alles 2–3 Minuten unter Rühren weiterbraten. Mit Salz, Pfeffer und Rosenpaprika abschmecken, Petersilie unterheben. Hähnchenfilets mit dem Reis anrichten.

ZUBEREITUNGSZEIT ca. 25 Min.
PORTION ca. 520 kcal
E 44 g · F 20 g · KH 38 g

Fertig in
25
Minuten

Kartoffelpfanne mit Hähnchen

ZUTATEN FÜR 3 PERSONEN

- ♥ 1 rote Zwiebel
- ♥ 1 Knoblauchzehe
- ♥ 150 g Chorizo (spanische Paprikawurst) oder Kabanossi
- ♥ 2 Hähnchenfilets (à ca. 150 g)
- ♥ 500 g Kartoffeln
- ♥ 3 EL Olivenöl
- ♥ Salz ♥ Pfeffer
- ♥ etwas getrockneter Oregano
- ♥ abgeriebene Schale von ½ Bio-Orange oder -Zitrone

1 Zwiebel und Knoblauch schälen. Zwiebel in Spalten schneiden und Knoblauch hacken. Wurst in Scheiben schneiden. Hähnchen waschen, trocken tupfen und in Stücke schneiden. Kartoffeln gründlich waschen, würfeln.

2 1 EL Öl in einer großen Pfanne erhitzen. Hähnchenfleisch darin kräftig anbraten. Mit Salz und Pfeffer würzen. Chorizo zufügen und kurz mitbraten. Alles herausnehmen.

3 Rest Öl in die Pfanne geben. Die Kartoffeln darin bei mittlerer Hitze unter Wenden ca. 15 Minuten braten. Zwiebeln und Knoblauch zufügen und kurz mitbraten.

4 Fleisch und Wurst zu den Kartoffeln geben und alles ca. 5 Minuten weiterbraten. Mit Oregano und Orangenschale würzen. Alles mit Salz und Pfeffer abschmecken.

ZUBEREITUNGSZEIT ca. 30 Min.
PORTION ca. 500 kcal
E 35 g · F 26 g · KH 27 g

Bratnudeln mit Schinken und Ei

ZUTATEN FÜR 3 PERSONEN

- ♥ Salz
- ♥ 200 g Champignons
- ♥ 2 Möhren
- ♥ 250 g Nudeln (z. B. Spaghetti)
- ♥ 150 g TK-Erbsen
- ♥ 100 g gekochter Schinken in dünnen Scheiben
- ♥ ½ Bund Schnittlauch
- ♥ 2 EL Öl
- ♥ 3 Eier (Gr. M)
- ♥ 5 EL Schlagsahne
- ♥ 4 EL Sojasoße

1 Ca. 2 ½ l Salzwasser aufkochen. Pilze putzen und evtl. waschen. Große Pilze halbieren oder vierteln. Möhren schälen, waschen und in Scheiben schneiden.

2 Nudeln im kochenden Salzwasser ca. 10 Minuten garen. Erbsen nach 6 Minuten unaufgetaut zufügen. Schinken in Streifen schneiden. Schnittlauch waschen und in Röllchen schneiden.

3 Öl in einer großen Pfanne erhitzen. Schinken darin 3–4 Minuten knusprig braten, herausnehmen. Möhren und Pilze im Bratfett ca. 5 Minuten braten. Eier, Sahne und Sojasoße verquirlen.

4 Nudeln samt Erbsen abgießen. Mit dem Schinken in die Pfanne geben. Kurz mitbraten. Eiersahne zugießen, unter Wenden 3–5 Minuten stocken lassen. Mit Schnittlauch bestreuen.

ZUBEREITUNGSZEIT ca. 30 Min.
PORTION ca. 620 kcal
E 32 g · F 21 g · KH 71 g

RATZFATZ GESCHNITTEN
Ideal für die schnelle Küche ist ein Gemüsehobel. Die meisten Hobel haben sogar mehrere Einsätze für unterschiedliche Schnittstärken. Damit bekommen Sie z. B. Möhren, Kartoffeln, Zucchini oder Gurken schnell in gleichmäßige Scheiben geschnitten.

19

Hack-Gemüse-Pfanne mit Reis

ZUTATEN FÜR 4 PERSONEN
- ♥ 200 g Basmatireis ♥ Salz
- ♥ 3 Möhren
- ♥ 1 Bund Lauchzwiebeln
- ♥ 1 Spitzkohl (ca. 500 g)
- ♥ 3 EL Öl
- ♥ 400 g Rinderhack
- ♥ Pfeffer ♥ Edelsüßpaprika
- ♥ 6–8 EL süßsaure Asiasoße

1 Reis in kochendem Salzwasser nach Packungsanweisung garen. Inzwischen Möhren schälen, waschen und in Scheiben schneiden oder hobeln. Lauchzwiebeln und Kohl putzen und waschen. Lauchzwiebeln in Stücke, Kohl in Streifen schneiden.

2 1 EL Öl in einer großen beschichteten Pfanne erhitzen. Hack darin unter Wenden kräftig anbraten. Mit Salz, Pfeffer und Edelsüßpaprika würzen, herausnehmen.

3 Rest Öl im Bratfett erhitzen. Vorbereitetes Gemüse darin ca. 3 Minuten anbraten. Mit Salz und Pfeffer würzen. ⅛ l Wasser zufügen und zugedeckt ca. 5 Minuten dünsten. Hack unter das Gemüse mischen. Alles mit Asiasoße,

Salz und Pfeffer abschmecken. Den Reis mit in die Pfanne geben oder extra dazu reichen.

ZUBEREITUNGSZEIT ca. 30 Min.
PORTION ca. 500 kcal
E 32 g · F 16 g · KH 53 g

GEMÜSEMIX

Variieren Sie die Pfanne ruhig mal mit Porree, Brokkoli und Paprika oder Champignons. Alles ist ruck, zuck geputzt, zerkleinert und gebraten. Oder Sie nehmen einfach eine gefrorene Gemüsemischung.

Tomaten-Bratwurst-Pfanne

ZUTATEN FÜR 4 PERSONEN

- ♥ ½ dünnes Baguette
- ♥ 4–5 EL Olivenöl
- ♥ 3 grobe Bratwürste (à ca. 125 g)
- ♥ 2 mittelgroße Zwiebeln
- ♥ 2 Knoblauchzehen
- ♥ 1,25 kg reife Tomaten
- ♥ 3 EL Balsamico-Essig
- ♥ 3 Stiele Basilikum
- ♥ Salz ♥ Pfeffer

1 Baguette längs halbieren und in dünne Scheiben schneiden. 3–4 EL Öl portionsweise in einer großen beschichteten Pfanne (mit Deckel) erhitzen. Baguettescheiben darin von beiden Seiten knusprig braten und herausnehmen.

2 Bratwürste in Scheiben schneiden. 1 EL Öl in der Pfanne erhitzen. Die Wurst darin ca. 5 Minuten braten und dabei ab und zu wenden.

3 Zwiebeln schälen und würfeln. Knoblauch schälen und in Scheiben schneiden. Tomaten waschen und je nach Größe vierteln oder in Spalten schneiden. Zwiebeln und Knoblauch zur Wurst geben, andünsten. Tomaten und Essig zufügen, aufkochen und zugedeckt ca. 10 Minuten schmoren.

4 Basilikum waschen, trocken schütteln und die Blättchen in Streifen schneiden. Tomaten-Bratwurst-Pfanne mit Salz und Pfeffer abschmecken. Röstbrot und Basilikum unterheben. Sofort servieren.

ZUBEREITUNGSZEIT ca. 30 Min.
PORTION ca. 380 kcal
E 18 g · F 24 g · KH 20 g

Bandnudeln mit Lachs-Zucchini-Soße

ZUTATEN FÜR 4 PERSONEN

- ♥ Salz
- ♥ 2–3 Zucchini (ca. 600 g)
- ♥ 1 mittelgroße Zwiebel
- ♥ 400 g Lachsfilet (ohne Haut)
- ♥ 350 g dünne Bandnudeln
- ♥ 2 EL Öl
- ♥ Pfeffer
- ♥ 175 g Doppelrahmfrischkäse
- ♥ ⅛ l trockener Weißwein
- ♥ abgeriebene Schale und Saft von 1 Bio-Zitrone
- ♥ 4 Stiele Basilikum

1 Reichlich Salzwasser in einem großen Topf aufkochen. Zucchini putzen, waschen und in dünne Scheiben schneiden. Zwiebel schälen und würfeln. Fisch waschen, trocken tupfen und in Stücke schneiden.

2 Nudeln im kochenden Wasser nach Packungsanweisung bissfest garen. 1 EL Öl in einer beschichteten Pfanne erhitzen. Fisch darin knusprig anbraten. Mit Salz und Pfeffer würzen, herausnehmen.

3 1 EL Öl in der Pfanne erhitzen. Zwiebel und Zucchini darin anbraten. Frischkäse, Wein und ⅛ l Wasser einrühren und aufkochen. Soße mit Salz, Pfeffer, Zitronenschale und -saft abschmecken.

4 Nudeln abgießen und abtropfen lassen. Basilikum waschen, Blättchen abzupfen. Erst Nudeln und Basilikum mit der Frischkäsesoße mischen, dann Lachs vorsichtig unterheben und kurz erhitzen. Anrichten.

ZUBEREITUNGSZEIT ca. 25 Min.
PORTION ca. 780 kcal
E 38 g · F 34 g · KH 71 g

Fertig in
25
Minuten

Tortellini-Brokkoli-Gratin

ZUTATEN FÜR 4 PERSONEN

- ♥ Salz
- ♥ 500 g Brokkoli
- ♥ 1 Zwiebel
- ♥ 1 EL Öl
- ♥ 2 Packungen (à 370 g) stückige Tomaten oder 1 Dose (850 ml) Tomaten
- ♥ 1 TL getrockneter Oregano
- ♥ Pfeffer ♥ Zucker
- ♥ 2 Packungen (à 400 g) frische Tortellini (Kühlregal)
- ♥ 125 g Mozzarella
- ♥ Fett für die Form

1 Ca. 3 l Salzwasser aufkochen. Backofen vorheizen (E-Herd: 225 °C/ Umluft: 200 °C/Gas: s. Hersteller). Brokkoli putzen, waschen und in kleine Röschen teilen. Zwiebel schälen und fein hacken.

2 Für die Soße Zwiebel im heißen Öl andünsten. Tomaten zufügen (Dosentomaten grob zerkleinern) und aufkochen. Mit Oregano, Salz, Pfeffer und 1 Prise Zucker abschmecken. Soße zugedeckt ca. 5 Minuten köcheln lassen.

3 Tortellini und Brokkoli ins kochende Salzwasser geben und 3–5 Minuten garen. Mozzarella in Scheiben schneiden. Eine große Auflaufform fetten.

4 Tortellini und Brokkoli gut abtropfen lassen und in der Form verteilen. Tomatensoße und Mozzarella darauf verteilen. Im heißen Ofen 10–12 Minuten gratinieren.

ZUBEREITUNGSZEIT ca. 30 Min.
PORTION ca. 650 kcal
E 32 g · F 26 g · KH 57 g

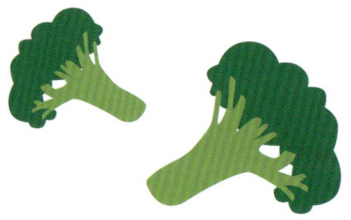

Nudeln in Spinat-Mascarpone-Soße

ZUTATEN FÜR 4 PERSONEN

- ♥ Salz
- ♥ 300 g junger Blattspinat
- ♥ 1 kleine Zwiebel
- ♥ 1 Knoblauchzehe
- ♥ 100 g Schinkenspeck in dünnen Scheiben
- ♥ 400 g Bandnudeln
- ♥ 2 EL Butter
- ♥ 2 EL Mehl
- ♥ ⅜ l Milch
- ♥ 100 g Schlagsahne
- ♥ Pfeffer
- ♥ 150 g Mascarpone

1 Reichlich Salzwasser aufkochen. Spinat verlesen, waschen und abtropfen lassen. Zwiebel und Knoblauch schälen, hacken. Schinkenspeck in Stücke schneiden. Nudeln im Salzwasser nach Packungsanweisung garen.

2 Schinkenspeck in einer heißen beschichteten Pfanne knusprig braten, herausnehmen. Zwiebel und Knoblauch in heißer Butter andünsten. Mehl darüberstäuben, hell anschwitzen. Milch und Sahne einrühren, aufkochen. Mit Salz und Pfeffer würzen und 1–2 Minuten köcheln lassen.

3 Mascarpone in die Soße geben und unter Rühren schmelzen. Spinat zufügen und zusammenfallen lassen. Zum Schluss Schinkenspeck unterheben. Soße mit Salz und Pfeffer abschmecken. Nudeln abgießen und mit der Spinat-Mascarpone-Soße mischen.

ZUBEREITUNGSZEIT ca. 25 Min.
PORTION ca. 590 kcal
E 27 g · F 14 g · KH 84 g

SCHNELL VARIIERT

Statt Mascarpone können Sie auch Ziegen- oder Kräuterfrischkäse in der Soße schmelzen. Und wenn's ohne Fleisch sein soll, streuen Sie zum Schluss statt Speck getrocknete Tomaten in Streifen über die Pasta.

Fertig in **25** Minuten

Fertig in
25
Minuten

Spaghetti mit Steak und Röstpaprikasoße

ZUTATEN FÜR 4 PERSONEN

- ♥ Salz
- ♥ 400 g Spaghetti
- ♥ 1 Glas (370 ml) geröstete Paprika
- ♥ 2 Knoblauchzehen
- ♥ 1 EL Mandelkerne (mit Haut)
- ♥ 4 EL gemahlene Mandeln
- ♥ Pfeffer
- ♥ 250 g Beef- oder Huftsteak
- ♥ 1 Zwiebel
- ♥ 1 EL Öl
- ♥ Edelsüßpaprika
- ♥ 30 g Parmesan (Stück)

1 Reichlich Salzwasser aufkochen. Spaghetti darin nach Packungsanweisung bissfest garen. Inzwischen Paprika abtropfen lassen. Knoblauch schälen. Beides grob zerkleinern und im Universalzerkleinerer oder mit dem Stabmixer pürieren. Mandelkerne grob hacken und mit gemahlenen Mandeln in einer Pfanne ohne Fett leicht rösten. Herausnehmen und unter das Paprikapüree rühren. Mit Salz und Paprikapulver abschmecken.

2 Steak waschen, trocken tupfen und in Streifen schneiden. Zwiebel schälen und in feine Streifen schneiden. Öl erhitzen. Steakstreifen darin bei starker Hitze rundherum 2–3 Minuten braten. Zwiebel kurz mitbraten. Alles mit Salz und Pfeffer würzen.

3 Parmesan raspeln. Spaghetti abtropfen lassen und wieder in den Topf geben. Röstpaprikasoße und Fleisch untermischen, nochmals kurz erhitzen. Mit Parmesan bestreuen.

ZUBEREITUNGSZEIT ca. 25 Min.
PORTION ca. 690 kcal
E 40 g · F 23 g · KH 77 g

BEVORRATEN SIE SICH

Die Paprikasoße schmeckt übrigens auch gut zu neuen Kartoffeln, auf Brot oder als Dip für Gemüsesticks. Machen Sie doch gleich die doppelte Menge – die Soße hält sich gut verschlossen im Kühlschrank ca. 1 Woche. Oder einfach einfrieren.

Gnocchi alla carbonara

ZUTATEN FÜR 4 PERSONEN

- ♥ 1 Zwiebel
- ♥ 3 EL Butter
- ♥ 1 EL Mehl
- ♥ ¼ l Milch
- ♥ 100 g Schlagsahne
- ♥ 1 TL Gemüsebrühe (instant)
- ♥ 600 g frische Gnocchi (Kühlregal)
- ♥ 75 g magere Schinkenwürfel
- ♥ 50 g Parmesan (Stück)
- ♥ Salz ♥ Pfeffer ♥ Muskat
- ♥ 2–3 Stiele Petersilie

1 Zwiebel schälen und fein würfeln. 1 EL Butter in einem Topf erhitzen. Zwiebel darin andünsten. Mehl darüberstäuben und anschwitzen. Mit Milch und Sahne ablöschen, aufkochen. Brühe einrühren, ca. 5 Minuten köcheln. Ab und zu umrühren.

2 2 EL Butter in einer großen Pfanne erhitzen. Gnocchi darin ca. 5 Minuten goldbraun braten. Schinkenwürfel zufügen und alles weitere ca. 3 Minuten braten.

3 Vom Parmesan einige Späne mit dem Sparschäler abhobeln und beiseitelegen. Übrigen Käse reiben und in der Soße schmelzen. Mit Salz, Pfeffer und Muskat abschmecken. Petersilie waschen und fein hacken. Gnocchi und Soße anrichten. Mit Petersilie und Parmesanspänen bestreuen.

ZUBEREITUNGSZEIT ca. 30 Min.
PORTION ca. 460 kcal
E 13 g · F 23 g · KH 48 g

Fertig in
25
Minuten

Nudeln mit Nuss-Champignon-Soße

ZUTATEN FÜR 4 PERSONEN

♥ Salz
♥ 500 g Champignons (z. B. braune)
♥ 1 Zwiebel
♥ 100 g gehackte Haselnüsse
♥ 2 EL Olivenöl ♥ Pfeffer
♥ 300 ml Milch
♥ 200 g Schmand
♥ 400 g Nudeln
  (z. B. Festonati oder Penne)
♥ Muskat
♥ 75 g Rucola

1 Reichlich Salzwasser aufkochen. Pilze putzen, waschen und in Scheiben schneiden. Zwiebel schälen und fein würfeln. Haselnüsse in einer Pfanne rösten, herausnehmen.

2 Öl erhitzen. Pilze darin ca. 5 Minuten goldbraun braten. Zwiebel und Nüsse kurz mitbraten. Mit Salz und Pfeffer würzen. Milch und Schmand einrühren, aufkochen. Soße ca. 3 Minuten köcheln.

3 Inzwischen Nudeln im kochenden Wasser nach Packungsanweisung bissfest garen. Soße mit Salz, Pfeffer und Muskat abschmecken. Rucola putzen, waschen und kleiner zupfen. Nudeln abgießen und mit ⅔ Rucola und Nuss-Champignon-Soße mischen. Sofort servieren, mit Rest Rucola bestreuen.

ZUBEREITUNGSZEIT ca. 25 Min.
PORTION ca. 800 kcal
E 24 g · F 39 g · KH 82 g

SCHNELLER TRICK
Sie können die Pilze mit einem Eierschneider schön gleichmäßig zerteilen.

Tomaten-Ricotta-Makkaroni mit Hackbällchen

ZUTATEN FÜR 4 PERSONEN

- ♥ 1 mittelgroße Zwiebel
- ♥ 400 g gemischtes Hack
- ♥ Salz ♥ Pfeffer
- ♥ 2 EL Öl
- ♥ 1 EL Tomatenmark
- ♥ 1 TL Mehl
- ♥ 1 Dose (425 ml) stückige Tomaten
- ♥ 1 gestrichener TL getrockneter Thymian
- ♥ 400 g Makkaroni
- ♥ 100 g Ricotta (italienischer Frischkäse)
- ♥ Zucker

1 Zwiebel schälen und fein hacken. Hälfte Zwiebel mit Hack, Salz und Pfeffer verkneten. 1 EL Öl in einer großen beschichteten Pfanne erhitzen. Aus der Hackmasse kleine Bällchen formen und direkt in die Pfanne legen. Hackbällchen rundherum ca. 5 Minuten braten und herausnehmen.

2 Reichlich Salzwasser aufkochen. Den Rest Zwiebel in 1 EL Öl andünsten. Tomatenmark und Mehl kurz mit anschwitzen. Tomaten und 150 ml Wasser einrühren, aufkochen. Mit Salz, Pfeffer und Thymian würzen und offen ca. 10 Minuten köcheln.

3 Nudeln im kochenden Wasser nach Packungsanweisung bissfest garen. Ricotta in die Soße rühren. Mit Salz, Pfeffer und 1 Prise Zucker abschmecken. Nudeln abgießen und mit Soße und Hackbällchen mischen, anrichten.

ZUBEREITUNGSZEIT ca. 30 Min.
PORTION ca. 710 kcal
E 35 g · F 27 g · KH 77 g

Pasta pronto mit Putenbrust und Pilzen

ZUTATEN FÜR 4 PERSONEN

- ♥ Salz ♥ 400 g Brokkoli
- ♥ 250 g gemischte Pilze (z. B. Austernpilze, Kräuterseitlinge und Champignons)
- ♥ 400 g Putenbrust
- ♥ 1 Zwiebel
- ♥ 1 Knoblauchzehe
- ♥ 6 Salbeiblätter
- ♥ 400 g kurze Nudeln (z. B. Rigatoni)
- ♥ 2 EL Öl
- ♥ 1 Dose (425 ml) stückige Tomaten
- ♥ Pfeffer ♥ Zucker

1 Reichlich Salzwasser aufkochen. Brokkoli putzen, waschen und in kleine Röschen teilen. Pilze putzen, waschen und klein schneiden. Putenbrust waschen, trocken tupfen und würfeln. Zwiebel und Knoblauch schälen, fein würfeln. Salbei waschen, fein hacken. Nudeln im Salzwasser nach Packungsanweisung garen.

2 Öl erhitzen. Fleisch darin rundherum ca. 3 Minuten anbraten. Pilze, Zwiebel, Knoblauch und Brokkoli zugeben und ca. 5 Minuten mitbraten. Stückige Tomaten, 100 ml Wasser und Salbei zufügen. Alles aufkochen und zugedeckt ca. 4 Minuten köcheln. Mit Salz, Pfeffer und 1 Prise Zucker abschmecken. Nudeln abtropfen lassen und mit der Soße mischen.

ZUBEREITUNGSZEIT ca. 25 Min.
PORTION ca. 350 kcal
E 36 g · F 6 g · KH 40 g

OHNE FLEISCH

Nehmen Sie statt der Putenbrust einfach die doppelte Menge Pilze und 1–2 Möhren in dünnen Scheiben für das Ragout. Für mehr Biss zum Schluss 2 EL gehackte Walnusskerne über die Nudeln streuen.

Fertig in
25
Minuten

Gratinierte Käsegnocchi

ZUTATEN FÜR 3–4 PERSONEN

♥ 4 EL Öl
♥ 600 g frische Gnocchi (Kühlregal)
♥ 2 Zwiebeln
♥ 150 g Kirschtomaten
♥ 100 g Appenzeller (Stück)
♥ 200 g Schlagsahne
♥ Salz ♥ Cayennepfeffer
♥ Fett für die Form
♥ Pfeffer

1 Backofen vorheizen (E-Herd: 225 °C/ Umluft: 200 °C/Gas: s. Hersteller). 2 EL Öl in einer großen beschichteten Pfanne erhitzen. Gnocchi darin rundherum ca. 5 Minuten braten.

2 Inzwischen Zwiebeln schälen und in feine Ringe schneiden. Tomaten waschen und halbieren. Käse fein reiben und mit der Sahne verrühren. Mit Salz und Cayennepfeffer würzen.

3 Gnocchi und Käsesahne in einer gefetteten flachen Auflaufform mischen. 2 EL Öl in der Pfanne erhitzen. Zwiebeln darin goldbraun braten. Tomaten zufügen und kurz mitbraten. Mit Salz und Pfeffer würzen. Tomaten und Zwiebeln auf den Gnocchi verteilen. Im heißen Ofen ca. 15 Minuten überbacken.

ZUBEREITUNGSZEIT ca. 30 Min.
PORTION ca. 580 kcal
E 15 g · F 31 g · KH 57 g

SCHNELL VARIIERT

Für die Käsesahne eignet sich jeder Hartkäse. Sie können auch fertig geriebenen Käse verwenden. Schön würzig: Die Hälfte Hartkäse durch Gorgonzola ersetzen – diesen vorher in der erhitzten Sahne schmelzen.

Orecchiette mit Salami und Tomatenpesto

ZUTATEN FÜR 4 PERSONEN

♥ Salz
♥ 100 g italienische Salami in dünnen Scheiben
♥ 250 g Kirschtomaten
♥ 400 g Nudeln (z. B. Orecchiette oder Penne)
♥ 4–5 Stiele Basilikum
♥ 50 g grüne Oliven ohne Stein
♥ 1 Glas (190 g) rotes Pesto

1 Ca. 3 l Salzwasser aufkochen. Salami in einer Pfanne ohne Fett portionsweise anbraten. Aus der Pfanne nehmen. Tomaten waschen. Nudeln im kochenden Salzwasser nach Packungsanweisung bissfest garen.

2 Tomaten im Bratfett ca. 5 Minuten anbraten. Basilikum waschen, Blättchen abzupfen und grob schneiden. Oliven in Scheiben schneiden.

3 Ca. 6 EL Nudelkochwasser, Pesto und Oliven zu den Tomaten geben und alles aufkochen. Die Nudeln abtropfen lassen und wieder in den Topf geben.

4 Pestotomaten, Salami und Basilikum zu den Nudeln geben. Alles mischen und anrichten.

ZUBEREITUNGSZEIT ca. 25 Min.
PORTION ca. 610 kcal
E 20 g · F 23 g · KH 77 g

VIEL GESCHMACK
Egal ob grün oder rot: Mit fertigem Pesto aus dem Glas bekommen Sie ruck, zuck eine leckere Soße.

Fertig in **25** Minuten

Zitronenpasta mit Schweinemedaillons

ZUTATEN FÜR 4 PERSONEN

- ♥ Salz ♥ 1 Bio-Zitrone
- ♥ 1 Zwiebel
- ♥ 3 EL Butter
- ♥ ¼ l Milch
- ♥ 1 TL Gemüsebrühe (instant)
- ♥ 200 g Doppelrahmfrischkäse
- ♥ Pfeffer
- ♥ 75 g Rucola
- ♥ 4 Stiele Basilikum
- ♥ 300 g Nudeln (z. B. Penne)
- ♥ 500 g Schweinefilet
- ♥ 2 EL Olivenöl

1 Reichlich Salzwasser aufkochen. Zitrone heiß waschen, abtrocknen und die Schale fein abreiben. Zitrone auspressen. Zwiebel schälen, fein würfeln.

2 1 EL Butter erhitzen. Zwiebel darin andünsten. Milch und Brühe einrühren, aufkochen. Frischkäse unter Rühren in der Soße schmelzen. Mit Zitronenschale, 2–3 EL Zitronensaft, Salz und Pfeffer abschmecken.

3 Rucola putzen, waschen und kleiner zupfen. Basilikum waschen, Blättchen abzupfen. Nudeln im kochenden Salzwasser nach Packungsanweisung bissfest garen.

4 Inzwischen Fleisch waschen, trocken tupfen und in dünne Medaillons schneiden. Im heißen Öl portionsweise pro Seite ca. 1 Minute kräftig anbraten. Mit

Salz und Pfeffer würzen, herausnehmen. 2 EL Butter im Bratfett erhitzen. 1–2 EL Zitronensaft zufügen. Fleisch darin schwenken. Nudeln abgießen. Mit Rucola, Basilikum und Soße mischen. Alles anrichten.

ZUBEREITUNGSZEIT ca. 30 Min.
PORTION ca. 680 kcal
E 43 g · F 29 g · KH 56 g

Penne in Thunfisch-Tomaten-Soße

ZUTATEN FÜR 4 PERSONEN

- ♥ Salz
- ♥ 1 Dose (185 g) Thunfisch
- ♥ 4 Stiele Basilikum
- ♥ 1 mittelgroße Zwiebel
- ♥ 1 Chilischote
- ♥ 400 g kurze Nudeln (z. B. Penne)
- ♥ 2 EL Olivenöl
- ♥ 2 EL Tomatenmark
- ♥ 1 Dose (850 ml) Tomaten
- ♥ Pfeffer ♥ Zucker

Fertig in
25
Minuten

1 Reichlich Salzwasser in einem großen Topf aufkochen. Thunfisch abtropfen lassen und mit einer Gabel grob zerzupfen. Basilikum waschen und gut abtropfen lassen. Blättchen abzupfen. Zwiebel schälen, fein würfeln. Chili putzen, waschen und fein schneiden.

2 Nudeln im kochenden Salzwasser nach Packungsanweisung bissfest garen. Öl in einem Topf erhitzen. Zwiebel und Chili darin andünsten. Tomatenmark zufügen und kurz anschwitzen. Tomaten samt Saft zufügen und aufkochen. Mit Salz, Pfeffer und etwas Zucker würzen. Tomaten mit dem Pfannenwender grob zerkleinern. Soße ca. 5 Minuten köcheln.

3 Nudeln abtropfen lassen. Basilikum und Thunfisch zur Soße geben und unterrühren. Soße nochmals abschmecken und mit den Nudeln mischen, anrichten.

ZUBEREITUNGSZEIT ca. 25 Min.
PORTION ca. 530 kcal
E 24 g · F 11 g · KH 81 g

FÜR UNTERWEGS

Das Nudelgericht schmeckt auch kalt als Salat. Dafür Nudeln und Tomatensoße mischen und auskühlen lassen. Basilikum und Thunfisch erst zum Schluss hinzufügen.

Tortellini in Schinken-Sahne-Soße

ZUTATEN FÜR 4 PERSONEN

♥ Salz ♥ 1 Zwiebel
♥ 250 g Champignons
♥ 150 g gekochter Schinken
♥ 50 g Parmesan (Stück)
♥ 2 Stiele Petersilie
♥ 250 g Tortellini
♥ 2 EL Öl
♥ 2 gestrichene EL Mehl
♥ ¼ l Milch ♥ 1 TL Gemüsebrühe (instant)
♥ 200 g Schmand
♥ 150 g TK-Erbsen
♥ Pfeffer

1 Für die Nudeln reichlich Salzwasser aufkochen. Zwiebel schälen und fein würfeln. Pilze putzen, waschen und in Scheiben schneiden. Schinken würfeln. Käse reiben. Petersilie waschen und grob hacken.

2 Tortellini im kochenden Salzwasser nach Packungsanweisung garen. Die Champignons im heißen Öl anbraten. Zwiebel- und Schinkenwürfel zufügen und kurz mitbraten.

3 Pilze mit Mehl bestäuben und kurz anschwitzen. ¼ l Wasser, Milch und Brühe einrühren, aufkochen. Schmand einrühren und gefrorene Erbsen zufügen. Soße ca. 5 Minuten köcheln.

4 Hälfte Käse in der Soße schmelzen. Mit Salz und Pfeffer abschmecken. Tortellini abtropfen lassen und mit der Soße mischen. Mit Rest Käse und Petersilie bestreuen.

ZUBEREITUNGSZEIT ca. 30 Min.
PORTION ca. 580 kcal
E 23 g · F 32 g · KH 45 g

35

Pfannkuchen vom Blech Bologneser Art

ZUTATEN FÜR 4 PERSONEN
- ♥ 100 g Mehl ♥ ⅛ l Milch
- ♥ 4 Eier (Gr. M) ♥ Salz ♥ Pfeffer
- ♥ 5 EL Mineralwasser mit Kohlensäure
- ♥ 2 Zwiebeln ♥ 1 EL Öl
- ♥ 500 g Rinderhack
- ♥ Edelsüßpaprika
- ♥ 5 Tomaten
- ♥ 1 EL getrocknete italienische Kräuter
- ♥ 150 g geriebener Gouda
- ♥ Backpapier

1 Backblech mit Backpapier auslegen und in den Ofen schieben. Ofen vorheizen (E-Herd: 200 °C/Umluft: 175 °C/Gas: s. Hersteller). Mehl, Milch, Eier, Salz und Pfeffer glatt rühren. Mineralwasser unterrühren.

2 Zwiebeln schälen und fein würfeln. Öl in einer großen Pfanne erhitzen. Hack darin krümelig anbraten. Zwiebeln kurz mitbraten. Mit Salz, Pfeffer und Paprika würzen.

3 Backblech aus dem heißen Ofen nehmen und sofort den Teig daraufgießen. Im heißen Ofen 3–4 Minuten vorbacken. Tomaten waschen und in Scheiben schneiden. Pfannkuchen herausholen.

4 Pfannkuchen mit Tomaten belegen und mit Kräutern, Salz und Pfeffer würzen. Erst Hack, dann Käse darauf verteilen und alles ca. 15 Minuten weiterbacken. Herausnehmen und in Stücke schneiden.

ZUBEREITUNGSZEIT ca. 30 Min.
PORTION ca. 640 kcal
E 50 g · F 36 g · KH 25 g

SO GELINGEN PFANNKUCHEN IN DER SCHNELLEN KÜCHE
Teig auf dem heißen Blech verteilen, vorbacken und belegen. Und süß schmeckt's auch lecker, z. B. mit Kirschen und Raspelschokolade belegen, fertig backen und aufrollen. Mit Puderzucker bestäuben.

Hack-Paprika-Reis

ZUTATEN FÜR 4 PERSONEN

- ♥ 200 g Reis ♥ Salz
- ♥ 3 Paprikaschoten (z. B. grün, gelb und rot)
- ♥ 2 Zwiebeln
- ♥ 1 Knoblauchzehe
- ♥ 2 EL Olivenöl
- ♥ 500 g gemischtes Hack
- ♥ Pfeffer ♥ Rosenpaprika
- ♥ 1 Dose (425 ml) gehackte Tomaten
- ♥ 1 TL Gemüsebrühe (instant)
- ♥ 1–2 TL getrockneter Oregano

1 Reis in kochendem Salzwasser nach Packungsanweisung garen. Inzwischen Paprika putzen, waschen und in Stücke schneiden. Zwiebeln und Knoblauch schälen und fein würfeln.

2 Öl in einer großen Pfanne erhitzen. Hack darin ca. 5 Minuten krümelig braten. Mit Salz, Pfeffer und Rosenpaprika würzen.

3 Zwiebeln, Knoblauch und Paprika zufügen und ca. 5 Minuten mitbraten. ⅛ l Wasser, Tomaten und Brühe einrühren. Mit Salz, Pfeffer und Oregano würzen, aufkochen. Alles ca. 5 Minuten köcheln. Reis unter die Hackpfanne mischen. Alles nochmals abschmecken und anrichten.

ZUBEREITUNGSZEIT ca. 30 Min.
PORTION ca. 660 kcal
E 32 g · F 33 g · KH 54 g

RESTEVERWERTUNG

Anstelle von Reis können Sie auch gekochte Kartoffeln vom Vortag unter die Hack-Paprika-Masse rühren. Kartoffeln würfeln und in der Pfanne erhitzen.

Asiahackbällchen auf Sesamspinat

ZUTATEN FÜR 4 PERSONEN

- ♥ 2 Zwiebeln
- ♥ 1 Knoblauchzehe
- ♥ 1 Stück (3 cm) Ingwer
- ♥ 500 g Rinderhack
- ♥ 2 EL Semmelbrösel
- ♥ 1 Ei (Gr. M)
- ♥ 4 EL Sojasoße
- ♥ Pfeffer
- ♥ 2 EL Sesam
- ♥ 3 EL Öl
- ♥ 600 g TK-Blattspinat
- ♥ 1 TL Sambal Oelek
- ♥ evtl. 8 Spieße

1 Zwiebeln, Knoblauch und Ingwer schälen und fein hacken. Hack, Semmelbrösel, Ei, Ingwer, jeweils die Hälfte Knoblauch und Zwiebeln verkneten. Mit ca. 2 EL Sojasoße und Pfeffer würzen. Aus der Hackmasse mit angefeuchteten Händen ca. 16 Bällchen formen.

2 Sesam in einer Pfanne ohne Fett rösten, herausnehmen. 1 EL Öl in der Pfanne erhitzen. Hackbällchen darin rundherum ca. 8 Minuten braten.

3 Inzwischen 2 EL Öl in einem Topf erhitzen. Rest Knoblauch und Zwiebeln darin glasig dünsten. Gefrorenen Spinat und 75 ml Wasser zufügen. Zugedeckt bei schwacher Hitze auftauen lassen. Ab und zu umrühren. Mit Sambal Oelek, 2 EL Sojasoße und Pfeffer abschmecken.

4 Sesam zum Spinat geben und unterheben. Nach Belieben je 2 Hackbällchen auf 1 Spieß stecken und mit dem Sesamspinat anrichten. Dazu schmeckt Baguette oder Reis.

ZUBEREITUNGSZEIT ca. 30 Min.
PORTION ca. 460 kcal
E 38 g · F 28 g · KH 10 g

RUCK, ZUCK IM TOPF

Frischen Spinat gibt es öfter geputzt und abgepackt in der Gemüsetheke. Sie brauchen ihn nur noch zu waschen und im Topf mit den Zwiebeln zusammenfallen zu lassen.

Hackpfanne mit Sprossen

ZUTATEN FÜR 4 PERSONEN

- ♥ 200 g Reis ♥ Salz
- ♥ 250 g Mungobohnenkeimlinge
- ♥ 1 Zwiebel
- ♥ 1–2 Knoblauchzehen
- ♥ 1 rote Chilischote
- ♥ 1 Bio-Zitrone
- ♥ 50 g geröstete Erdnüsse
- ♥ 2 EL Öl
- ♥ 400 g Rinderhack ♥ Pfeffer
- ♥ 200 g TK-Erbsen
- ♥ 8 EL Sojasoße

1 Reis in kochendem Salzwasser nach Packungsanweisung garen. Inzwischen Keimlinge verlesen, waschen und abtropfen lassen. Zwiebel und Knoblauch schälen und hacken. Chili putzen, entkernen, waschen und in feine Ringe schneiden. Zitrone heiß waschen, trocken reiben und die Schale abreiben. Zitrone auspressen. Erdnüsse grob hacken.

2 Öl in der Pfanne erhitzen. Hack darin krümelig braten. Mit Salz und Pfeffer würzen. Zwiebel, Knoblauch und Chili kurz mitbraten. Gefrorene Erbsen unterrühren. Mit Sojasoße ablöschen und ca. 2 Minuten köcheln.

3 Mungobohnenkeimlinge und Erdnüsse unterrühren, erhitzen. Mit Zitronensaft und -schale, Pfeffer und wenig Salz abschmecken. Hackpfanne mit Reis anrichten.

ZUBEREITUNGSZEIT ca. 30 Min.
PORTION ca. 580 kcal
E 38 g · F 26 g · KH 50 g

Gefüllte Kartoffeln mit Barbecuemett

ZUTATEN FÜR 4 PERSONEN

- ♥ 8 mittelgroße Kartoffeln
- ♥ 500 g Schweinemett
- ♥ 1 EL Öl
- ♥ 1 große Zwiebel
- ♥ 1 Flasche (250 ml) Barbecuesoße
- ♥ 2 mittelgroße Möhren
- ♥ 600 g fertiger Krautsalat
- ♥ 1 Bund Schnittlauch
- ♥ 300 g Joghurt
- ♥ 200 g Sour Cream oder Kräuterquark
- ♥ Salz ♥ Pfeffer

1 Kartoffeln gründlich waschen und zugedeckt ca. 20 Minuten kochen. Inzwischen Mett im heißen Öl grob-krümelig braten. Zwiebel schälen, fein würfeln und mit andünsten. Ca. ⅛ l Wasser und Barbecuesoße zugie-ßen, aufkochen und offen ca. 10 Mi-nuten köcheln. Abschmecken.

2 Möhren schälen, waschen und ras-peln. Unter den Krautsalat mischen. Schnittlauch waschen, fein schneiden und die Hälfte mit Joghurt und Sour Cream verrühren. Abschmecken.

3 Kartoffeln abgießen, längs ein-schneiden und etwas auseinander-drücken. Barbecuemett und etwas Sour Cream darüber verteilen. Mit Rest Schnittlauch bestreuen. Krautsalat und übrige Sour Cream dazu reichen.

ZUBEREITUNGSZEIT ca. 30 Min.
PORTION ca. 880 kcal
E 38 g · F 50 g · KH 68 g

SCHNELL AUFGEPEPPT

Durch fertige Soßen bekommen Pfannen- und Schmorgerichte, aber auch Eintöpfe ganz easy Würze und Geschmack. Statt Barbecuesoße können Sie hier natürlich auch das nehmen, was Sie noch im Vorrat haben, beispielsweise Zigeuner-, Schaschlik- oder Chilisoße.

Erdnussfrikadellen und Mangosalat

ZUTATEN FÜR 4 PERSONEN

- ♥ 3 Lauchzwiebeln
- ♥ 4 EL geröstete gesalzene Erdnusskerne
- ♥ 500 g gemischtes Hack
- ♥ 1 Ei (Gr. M)
- ♥ 3 TL Senf
- ♥ 3 EL Semmelbrösel
- ♥ Salz ♥ Pfeffer ♥ Curry
- ♥ 4 EL Öl
- ♥ 150 g Rucola
- ♥ 1 rote Paprikaschote
- ♥ 1 reife Mango
- ♥ 2 EL heller Balsamico-Essig
- ♥ 2 EL Orangensaft
- ♥ 1 TL Honig

1 Lauchzwiebeln putzen, waschen und in feine Ringe schneiden. Erdnüsse hacken. Hack, Lauchzwiebeln, ⅔ Erdnüsse, Ei, 2 TL Senf und Semmelbrösel verkneten. Mit Salz, Pfeffer und etwas Curry würzen. Aus der Masse 8 Frikadellen formen.

2 1 EL Öl in einer beschichteten Pfanne erhitzen. Frikadellen darin bei mittlerer Hitze 8–10 Minuten knusprig braun braten.

3 Inzwischen Rucola putzen, waschen und abtropfen lassen. Paprika putzen, waschen und in Streifen schneiden. Mango schälen. Das Fruchtfleisch vom Stein und in feine Scheiben schneiden.

4 Essig, Orangensaft, Honig und 1 TL Senf verrühren. Mit Salz und Pfeffer würzen. 3 EL Öl darunterschlagen. Rucola, Paprika und Mango mit der Marinade mischen. Frikadellen auf dem Mangosalat anrichten. Mit übrigen Erdnüssen bestreuen. Dazu schmeckt Fladenbrot.

ZUBEREITUNGSZEIT ca. 30 Min.
PORTION ca. 640 kcal
E 34 g · F 45 g · KH 21 g

Mett-Kartoffel-Pfanne mit Kohl

ZUTATEN FÜR 4 PERSONEN

- ♥ 1 Zwiebel
- ♥ 3 große Kartoffeln (ca. 500 g)
- ♥ 750 g Weißkohl
- ♥ 2 EL Öl
- ♥ 500 g Schweinemett
- ♥ Salz ♥ Pfeffer
- ♥ Edelsüßpaprika
- ♥ 1 TL Fleischbrühe (instant)
- ♥ 2 mittelgroße Tomaten

1 Zwiebel und Kartoffeln schälen. Kartoffeln waschen. Beides in Würfel schneiden. Kohl putzen, waschen und in Streifen vom Strunk schneiden.

2 1 EL Öl in einer großen Pfanne mit Deckel erhitzen. Mett darin kräftig krümelig anbraten. Herausnehmen. 1 EL Öl im Bratfett erhitzen. Kartoffeln darin 8–10 Minuten bei mittlerer Hitze andünsten. Zwiebel und Kohl zufügen und alles ca. 3 Minuten braten. Mit Salz, Pfeffer und Paprika würzen.

3 Mett untermischen, mit ¼ l Wasser ablöschen und aufkochen. Brühe einrühren und zugedeckt bei mittlerer Hitze ca. 10 Minuten schmoren.

4 Tomaten waschen und in Stücke schneiden. Tomaten unter die Mett-Kartoffel-Pfanne heben und kurz mitschmoren. Alles nochmals herzhaft abschmecken.

ZUBEREITUNGSZEIT ca. 30 Min.
PORTION ca. 550 kcal
E 33 g · F 34 g · KH 23 g

Saftiger Tomaten-Pizzakuchen mit Mett

ZUTATEN FÜR CA. 8 STÜCKE

♥ 2 EL Öl
♥ 350 g Schweinemett
♥ 2 Lauchzwiebeln
♥ 1 mittelgroße Zwiebel
♥ 400 g Kirschtomaten
♥ Salz ♥ Pfeffer
♥ 2 Eier (Gr. M)
♥ 100 g Schmand
♥ Muskat
♥ Fett für die Form
♥ 1 Packung (400 g) frischer Pizzateig (Kühlregal)

1 Backofen vorheizen (E-Herd: 225 °C/ Umluft: 200 °C/Gas: s. Hersteller). Öl in einer großen Pfanne erhitzen. Mett darin krümelig braten. Inzwischen Lauchzwiebeln putzen, waschen und in Ringe schneiden, Lauchzwiebelgrün beiseitestellen. Zwiebel schälen und würfeln. Tomaten waschen und halbieren. Zwiebelwürfel, weiße Lauchzwiebelringe und Tomaten zum Mett geben und ca. 5 Minuten weiterbraten. Mit Salz und Pfeffer würzen.

2 Eier und Schmand verrühren und mit Salz und Muskat würzen. Eine Quicheform (24 cm Ø) fetten. Pizzateig entrollen und mit Backpapier nach oben in die Form legen. Papier abziehen. Überstehenden Teig am Rand nach innen drücken. Tomaten-Mett-Mischung auf dem Teig verteilen und den Eierschmand darübergießen.

3 Pizzakuchen im heißen Backofen auf der unteren Schiene 15–20 Minuten backen. Zum Servieren mit übrigen Lauchzwiebeln bestreuen.

ZUBEREITUNGSZEIT ca. 30 Min.
STÜCK ca. 360 kcal
E 17 g · F 19 g · KH 27 g

AUS DEM VORRAT

Statt fertigem Pizzateig aus dem Kühlregal können Sie auch gefrorenen Blätterteig oder eine Backmischung für Pizzateig nehmen. Praktisch: Beides können Sie prima im Haus haben.

Gebratener Blumenkohl mit Hack

ZUTATEN FÜR 4 PERSONEN

- ♥ 1 Stange Porree
- ♥ 1 Blumenkohl (ca. 1 kg)
- ♥ 3 EL Öl
- ♥ 500 g gemischtes Hack
- ♥ Salz ♥ Pfeffer ♥ 1 TL Edelsüßpaprika
- ♥ 3 Stiele Petersilie
- ♥ ½ Bund Schnittlauch
- ♥ 150 g Sahnejoghurt
- ♥ 250 g Magerquark
- ♥ Muskat

1 Porree putzen, waschen und in Ringe schneiden. Blumenkohl putzen, waschen und in Röschen teilen.

2 1 EL Öl in einer großen Pfanne mit Deckel erhitzen. Hack darin krümelig anbraten. Porree zufügen und kurz mitbraten. Alles mit Salz, Pfeffer und Edelsüßpaprika würzen, herausnehmen. 2 EL Öl in der Pfanne erhitzen. Blumenkohl darin bei mittlerer Hitze ca. 5 Minuten anbraten. ⅛ l Wasser zufügen, aufkochen und mit Salz würzen. Blumenkohl zugedeckt ca. 5 Minuten dünsten.

3 Petersilie und Schnittlauch waschen. Petersilienblättchen abzupfen und hacken, Schnittlauch fein schneiden. Joghurt und Quark verrühren. Mit Salz und Pfeffer abschmecken. Kräuter unterrühren. Hack zum Blumenkohl in die Pfanne geben und erhitzen. Mit Salz, Pfeffer und Muskat abschmecken. Mit Quarkdip anrichten. Dazu schmeckt Baguette oder Fladenbrot.

ZUBEREITUNGSZEIT ca. 25 Min.
PORTION ca. 560 kcal
E 41 g · F 37 g · KH 12 g

EXPRESSTIPP

Wenn's noch schneller gehen soll: Einfach fertigen Würzquark oder Sour Cream dazu reichen.

Frikadellen mit Kohlrabi-Möhren-Gemüse

ZUTATEN FÜR 4 PERSONEN

- ♥ 600 g Kartoffeln ♥ Salz
- ♥ 4 Möhren
- ♥ 1 großer Kohlrabi
- ♥ 100 g Feta
- ♥ 500 g Rinderhack
- ♥ 2 EL Magerquark
- ♥ 2 EL Semmelbrösel
- ♥ 1 EL mittelscharfer Senf
- ♥ 1 TL getrockneter Thymian
- ♥ Pfeffer ♥ 1 EL Öl
- ♥ 2 EL Butter
- ♥ 4 Stiele Petersilie
- ♥ 150 g Crème fraîche

1 Kartoffeln schälen, waschen und in Salzwasser ca. 20 Minuten kochen. Möhren und Kohlrabi schälen, waschen und in dünne Scheiben schneiden.

2 Feta in 8 Würfel schneiden. Hack, Quark, Semmelbrösel, Senf, Thymian, Salz und Pfeffer verkneten. 8 Frikadellen daraus formen. Dabei jeweils 1 Fetawürfel in die Mitte geben. Öl in einer beschichteten Pfanne erhitzen. Frikadellen darin bei mittlerer Hitze 8–10 Minuten braten.

3 Inzwischen Butter in einem Topf erhitzen. Gemüse darin andünsten. Mit Salz und Pfeffer würzen. ⅛ l Wasser zugießen und zugedeckt ca. 5 Minuten dünsten. Petersilie waschen und fein hacken. Crème fraîche und Petersilie unter das Gemüse heben. Mit Salz und Pfeffer abschmecken. Kartoffeln abgießen und mit Frikadellen und Gemüse anrichten.

ZUBEREITUNGSZEIT ca. 30 Min.
PORTION ca. 660 kcal
E 41 g · F 41 g · KH 31 g

AUS EINEM TOPF

Die geschälten Kartoffeln in dicke Scheiben schneiden und in wenig Brühe zugedeckt 12–15 Minuten kochen. Gemüse nach ca. 8 Minuten zufügen und mitgaren. Würzen und Petersilie zugeben. Crème fraîche zum Schluss vorsichtig unterheben.

Blitz-Nudelauflauf mit Hack und Gemüse

ZUTATEN FÜR 3–4 PERSONEN
- ♥ Salz ♥ 2 EL Öl
- ♥ 250 g gemischtes Hack
- ♥ 200 g Nudeln (z. B. Fusilli)
- ♥ 1 Zwiebel
- ♥ 1 Zucchini (ca. 200 g)
- ♥ 1 rote Paprikaschote
- ♥ Pfeffer ♥ 1 TL getrocknetes Basilikum
- ♥ 200 g geriebener Gouda
- ♥ Fett fürs Backblech

1 Ofen vorheizen (E-Herd: 225 °C/Um-luft: 200 °C/Gas: s. Hersteller). Reich-lich Salzwasser aufkochen. 2 EL Öl in einer Pfanne erhitzen. Hack darin krümelig anbraten.

2 Nudeln im kochenden Salzwasser nach Packungsanweisung bissfest garen. Zwiebel schälen, würfeln. Zucchini und Paprika putzen, waschen und klein schneiden. Alles zum Hack geben und kurz mitbraten. Mit Salz, Pfeffer und Basilikum würzen.

3 Nudeln abtropfen lassen. Mit Hälfte Käse und der Hackmischung in einer Auflaufform mischen. Restlichen Käse darüberstreuen. Im heißen Ofen ca.

12 Minuten überbacken, bis der Käse geschmolzen ist. Dazu passt pikante Asiasoße oder Salsa.

ZUBEREITUNGSZEIT ca. 30 Min.
PORTION ca. 570 kcal
E 33 g · F 30 g · KH 39 g

47

Überbackene Minutensteaks „caprese"

ZUTATEN FÜR 4 PERSONEN
- ♥ 8 Minutensteaks vom Schwein (à ca. 80 g)
- ♥ Salz ♥ Pfeffer
- ♥ 2 EL Olivenöl
- ♥ 125 g Mozzarella
- ♥ 4 kleine Tomaten
- ♥ 2 Stiele Basilikum
- ♥ 8 TL Basilikumpesto (Glas)
- ♥ 2 Ciabatta- oder Baguettebrötchen

1 Backofen vorheizen (E-Herd: 225 °C/Umluft: 200 °C/Gas: s. Hersteller). Fleisch waschen, trocken tupfen und mit Salz und Pfeffer würzen. Öl in einer beschichteten Pfanne erhitzen. Fleisch darin von jeder Seite kräftig anbraten. Bratsatz mit ca. 3 EL Wasser lösen und alles in eine Auflaufform geben.

2 Mozzarella in 8 Scheiben schneiden. Tomaten waschen, in insgesamt 16 Scheiben schneiden. Basilikum waschen, Blättchen von den Stielen zupfen. Steaks mit Pesto bestreichen und mit Tomaten, Mozzarella und Basilikum belegen. Im heißen Backofen ca. 5 Minuten gratinieren, herausnehmen. Brötchen in Scheiben schneiden und dazu reichen.

ZUBEREITUNGSZEIT ca. 20 Min.
PORTION ca. 500 kcal
E 46 g · F 26 g · KH 16 g

OHNE BACKOFEN

Sie können die Steaks auch ohne Ofen zubereiten. Fleisch anbraten, belegen und den Käse in der geschlossenen Pfanne etwas schmelzen lassen. Spart zusätzlich Zeit!

Chili con Carne mit Baked Beans

ZUTATEN FÜR 4 PERSONEN

- ♥ 1 Zwiebel ♥ 2 Knoblauchzehen
- ♥ 1 rote Paprikaschote ♥ 2 EL Öl
- ♥ 600 g gemischtes Hack
- ♥ Salz ♥ Cayennepfeffer
- ♥ getrockneter Rosmarin
- ♥ 2 EL Tomatenmark
- ♥ 500 g passierte Tomaten
- ♥ 1 Dose (425 ml) stückige Tomaten
- ♥ 2 TL Gemüsebrühe (instant)
- ♥ 1 Dose (425 ml) Maiskörner
- ♥ 1 Dose (425 ml) Kidneybohnen
- ♥ 1 Dose (425 ml) Baked Beans
- ♥ 6 TL Crème fraîche

1 Zwiebel und Knoblauch schälen und fein hacken. Paprikaschote putzen, waschen und würfeln.

2 Öl in einem großen Topf erhitzen. Hack darin kräftig anbraten. Mit Salz, Cayennepfeffer und Rosmarin würzen. Zwiebel, Knoblauch und Paprika kurz mitbraten. Tomatenmark kurz mit anschwitzen. ¼ l Wasser, passierte und stückige Tomaten zufügen. Brühe einrühren, aufkochen. Zugedeckt ca. 5 Minuten köcheln.

3 Mais und Kidneybohnen abspülen und abtropfen lassen. Beides mit den Baked Beans zum Hack geben. Alles noch mal ca. 5 Minuten köcheln. Chili mit Salz und Cayennepfeffer abschmecken. Mit Crème fraîche anrichten.

ZUBEREITUNGSZEIT ca. 20 Min.
PORTION ca. 720 kcal
E 45 g · F 39 g · KH 42 g

KÜCHENTIPP
Damit das Hackfleisch gut bräunt und kein Wasser zieht, bei starker Hitze kräftig anbraten. Erst dann würzen und übrige Zutaten zufügen.

Hähnchenfilet im Schinkenmantel

ZUTATEN FÜR 4 PERSONEN

- ♥ 200 g Basmatireis ♥ Salz
- ♥ 4 Stiele Basilikum
- ♥ 250 g Kirschtomaten
- ♥ 1 Knoblauchzehe
- ♥ 4 Hähnchenfilets (ca. 500 g) ♥ Pfeffer
- ♥ 4 Scheiben luftgetrockneter Schinken (z. B. Parmaschinken)
- ♥ 2 EL Olivenöl

1 Reis in kochendem Salzwasser nach Packungsanweisung garen. Basilikum waschen und die Blättchen abzupfen. Tomaten waschen und abtropfen lassen. Knoblauch schälen und in Scheiben schneiden.

2 Filets waschen, trocken tupfen und mit Salz und Pfeffer würzen. Jeweils mit 2–3 Basilikumblättchen belegen und mit Schinken umwickeln. Öl in einer beschichteten Pfanne erhitzen. Filets darin bei mittlerer Hitze ca. 8 Minuten braten.

3 Tomaten und Knoblauch mit in die Pfanne geben und 3 Minuten mitbraten. Rest Basilikum in Streifen schneiden. Reis und Basilikum mischen. Tomaten mit Salz und Pfeffer würzen. Alles anrichten.

ZUBEREITUNGSZEIT ca. 20 Min.
PORTION ca. 380 kcal
E 34 g · F 9 g · KH 41 g

Hähnchen mit gebratenem Spargel und Estragonsoße

ZUTATEN FÜR 4 PERSONEN

- ♥ 1 kg grüner Spargel
- ♥ 4 Hähnchenfilets (à ca. 150 g)
- ♥ 2 EL Öl
- ♥ Salz ♥ Pfeffer
- ♥ 3–4 Stiele Estragon oder Basilikum
- ♥ 1 Schalotte oder kleine Zwiebel
- ♥ 1 gestrichener EL (10 g) Mehl
- ♥ ¼ l Milch
- ♥ 1 TL Gemüsebrühe (instant)
- ♥ 5 EL Schlagsahne
- ♥ einige Spritzer Zitronensaft
- ♥ 1 Baguette

1 Spargel waschen und die holzigen Enden großzügig abschneiden. Fleisch waschen und trocken tupfen.

2 1 EL Öl in einer großen beschichteten Pfanne erhitzen. Filets darin bei mittlerer Hitze von jeder Seite ca. 6 Minuten braten. Mit Salz und Pfeffer würzen. 1 EL Öl in einer zweiten Pfanne erhitzen. Spargel darin unter Wenden 8–10 Minuten braten.

3 Inzwischen Estragon waschen, Blättchen abzupfen und grob hacken. Schalotte schälen und fein hacken. Hähnchen herausnehmen, warm stellen. Schalotte im heißen Bratfett andünsten. Mehl kurz hell anschwitzen. Milch einrühren, aufkochen. Mit Brühe, Salz und Pfeffer würzen. Hälfte Estragon zufügen und 2–3 Minuten köcheln.

4 Sahne zur Soße geben und alles mit einem Stabmixer pürieren. Mit Salz, Pfeffer und Zitronensaft abschmecken.

Spargel mit Salz würzen, mit Fleisch und Soße anrichten. Rest Estragon darüberstreuen. Baguette in Scheiben schneiden und dazu reichen.

ZUBEREITUNGSZEIT ca. 20 Min.
PORTION ca. 490 kcal
E 45 g · F 13 g · KH 44 g

RATZFATZ FERTIG
Grüner Spargel ist ideal für die schnelle Küche. Sie brauchen ihn nur zu waschen und die holzigen Enden abzuschneiden.

Spaghetti alla carbonara

ZUTATEN FÜR 4 PERSONEN
- ♥ Salz ♥ 1 Zwiebel
- ♥ 2 Knoblauchzehen
- ♥ 200 g Kabanossi
- ♥ 400 g Spaghetti
- ♥ 75 g Parmesan (Stück)
- ♥ 4 Stiele Petersilie
- ♥ 4 frische Eier (Gr. M)
- ♥ 100 g Schlagsahne
- ♥ Pfeffer ♥ 1 EL Öl

1 Reichlich Salzwasser aufkochen. Zwiebel und Knoblauch schälen, fein würfeln. Kabanossi in dünne Scheiben schneiden.

2 Nudeln im kochenden Wasser nach Packungsanweisung bissfest garen. Inzwischen Parmesan fein reiben. Petersilie waschen, trocken schütteln und fein hacken. Eier und Sahne verquirlen. Parmesan und Petersilie unterrühren. Kräftig mit Salz und Pfeffer würzen.

3 Öl in einer großen Pfanne erhitzen. Zwiebel und Knoblauch darin andünsten. Wurst zufügen und unter Wenden 2–3 Minuten braten.

4 Nudeln abgießen und wieder in den Topf geben. Wurst-Zwiebel-Mischung und Eiersahne sofort unter die heißen Nudeln mischen. Anrichten und mit Pfeffer würzen.

ZUBEREITUNGSZEIT ca. 20 Min.
PORTION ca. 710 kcal
E 25 g · F 31 g · KH 77 g

ZEIT SPAREN

In einem Wasserkocher geht das Erhitzen des Nudelwassers viel schneller als auf dem Herd. Wenn's besonders eilt, kochen Sie die Hälfte Wasser parallel im Wasserkocher auf und gießen es dann in den Topf.

Garnelen-Tomaten-Pfanne

ZUTATEN FÜR 4 PERSONEN
- ♥ 2 Knoblauchzehen
- ♥ 2 Bund Lauchzwiebeln
- ♥ 800 g rohe geschälte Garnelen (ca. 28 Stück)
- ♥ 4 EL Olivenöl
- ♥ Salz ♥ Pfeffer
- ♥ 1 EL Tomatenmark
- ♥ 1 TL Edelsüßpaprika
- ♥ 1 Dose (850 ml) Tomaten
- ♥ 1 EL Zitronensaft ♥ Zucker
- ♥ 4 EL Crème fraîche

1 Knoblauch schälen, hacken. Lauchzwiebeln putzen, waschen und in feine Ringe schneiden. Garnelen, wenn notwendig, am Rücken einschneiden und den dunklen Darm entfernen. Garnelen waschen und trocken tupfen.

2 3 EL Öl in einer großen tiefen Pfanne erhitzen. Garnelen und Knoblauch darin portionsweise 2–3 Minuten anbraten. Mit Salz und Pfeffer würzen, herausnehmen.

3 1 EL Öl in der Pfanne erhitzen. Lauchzwiebeln darin andünsten. Tomatenmark und Paprikapulver kurz mit anschwitzen. Tomaten samt Saft einrühren, Tomaten dabei grob zerkleinern. Aufkochen und ca. 3 Minuten köcheln. Mit Salz, Pfeffer, Zitronensaft und 1 Prise Zucker abschmecken. 2 EL Crème fraîche unterrühren.

4 Garnelen in der Soße erhitzen, abschmecken. Mit je 1 TL Crème fraîche anrichten. Dazu: frisches Ciabatta.

ZUBEREITUNGSZEIT ca. 20 Min.
PORTION ca. 460 kcal
E 40 g · F 25 g · KH 15 g

RASCH VORBEREITET

Lauchzwiebeln nur waschen, Wurzelenden und Spitzen abschneiden. Das Bund zusammenfassen und alle Zwiebeln auf einmal fein schneiden. Statt mit frischen Garnelen klappt's auch mit TK-Ware: Einfach unter lauwarmem Wasser auftauen.

Pute süßsauer mit Aprikosen

ZUTATEN FÜR 4 PERSONEN

- ♥ 200 g Basmatireis ♥ Salz
- ♥ 1 EL (ca. 10 g) Speisestärke
- ♥ ¼ l Orangensaft
- ♥ 3 EL Sojasoße
- ♥ 2 EL Reis- oder Weinessig
- ♥ ca. 2 EL Zucker
- ♥ 2 Zwiebeln (z. B. rot)
- ♥ 1 Stück (ca. 3 cm) Ingwer
- ♥ 50 g Softaprikosen
- ♥ 500 g Putenschnitzel
- ♥ 2 EL Öl
- ♥ 2 EL geröstete gesalzene Cashewkerne

1 Reis in kochendem Salzwasser nach Packungsanweisung garen.

2 Für die Soße Speisestärke und 4 EL Orangensaft glatt rühren. Rest Saft, Sojasoße, Essig und 2 gestrichene EL Zucker aufkochen. Angerührte Stärke einrühren und ca. 3 Minuten köcheln.

3 Zwiebeln schälen und in Ringe schneiden. Ingwer schälen, fein reiben. Aprikosen vierteln. Schnitzel waschen, trocken tupfen, in Streifen schneiden.

4 Öl in einem Wok oder einer Pfanne erhitzen. Fleisch darin ca. 5 Minuten anbraten. Zwiebeln und Ingwer kurz mitbraten. Mit Salz und Pfeffer würzen.

5 Soße und Aprikosen zufügen, aufkochen. Unter Rühren ca. 2 Minuten köcheln. Mit Salz, Pfeffer und Zucker abschmecken und die Cashewkerne unterrühren. Reis dazu reichen.

ZUBEREITUNGSZEIT ca. 20 Min.
PORTION ca. 480 kcal
E 37 g · F 9 g · KH 60 g

LECKER ERGÄNZT

Wer mag, kann noch 2 frische Paprikaschoten in Würfel schneiden und mit dem Fleisch anbraten. Gut passen auch Bambussschösslinge aus der Dose.

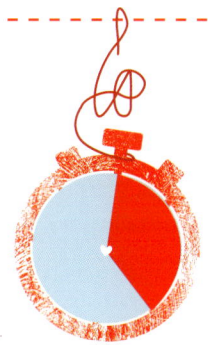

Medaillons mit Kapern-Sardellen-Butter

ZUTATEN FÜR 4 PERSONEN

- ♥ 1–2 Sardellenfilets (Glas)
- ♥ 2 EL kleine Kapern (Glas)
- ♥ 50 g weiche Butter
- ♥ Pfeffer ♥ Salz
- ♥ 4 EL weißer Balsamico-Essig
- ♥ 1 TL mittelscharfer Senf
- ♥ 1 TL Honig
- ♥ 5 EL Olivenöl
- ♥ ½ Bund Schnittlauch
- ♥ 1 kleine Zwiebel
- ♥ 200 g Kirschtomaten
- ♥ 1 Pflücksalat (ca. 200 g)
- ♥ 8 Schweinemedaillons (ca. 800 g)

1 Sardellen abspülen, trocken tupfen. 1 TL Kapern und Sardellen fein hacken. Beides unter die Butter rühren. Mit Pfeffer und wenig Salz würzen.

2 Für die Vinaigrette Essig, Senf, Honig, Salz und Pfeffer verrühren. 3 EL Öl darunterschlagen. Schnittlauch waschen, fein schneiden und unterrühren.

3 Zwiebel schälen, fein würfeln. Tomaten waschen und halbieren. Salat putzen, waschen und in mundgerechte Stücke zupfen. Salatzutaten und Vinaigrette mischen.

4 Fleisch waschen und trocken tupfen. 2 EL Öl in einer großen Pfanne erhitzen. Fleisch darin pro Seite 3–4 Minuten braten. Mit Pfeffer würzen. Kapern-Sardellen-Butter in die Pfanne geben. Medaillons darin schwenken. Mit dem Bratfett beträufeln und mit dem Salat anrichten. 1 TL Kapern hacken und darüberstreuen.

ZUBEREITUNGSZEIT ca. 20 Min.
PORTION ca. 460 kcal
E 46 g · F 27 g · KH 4 g

FÜR DEN VORRAT

Bereiten Sie gleich mehr von der Kapern-Sardellen-Butter zu und frieren Sie den Rest ein. Bei Bedarf einfach auftauen.

Lachsdöner mit Knoblauchsoße

ZUTATEN FÜR 4 PERSONEN

- ♥ 1 Zwiebel ♥ 2 Tomaten
- ♥ 1 Minirömersalat
- ♥ 1 reife Avocado
- ♥ 1 EL Zitronensaft
- ♥ 1 Knoblauchzehe
- ♥ 150 g Joghurt
- ♥ 150 g Crème fraîche
- ♥ Salz ♥ Chilipulver ♥ Zucker
- ♥ 1 großes rundes oder 4 kleine Fladenbrote (ca. 400 g)
- ♥ 300 g Lachsfilet (ohne Haut)
- ♥ 2 EL Öl ♥ Pfeffer
- ♥ evtl. 1 TL gerösteter Sesam

1 Ofen vorheizen (E-Herd: 200 °C/ Umluft: 175 °C/Gas: s. Hersteller). Zwiebel schälen und in Ringe schneiden. Tomaten waschen und klein schneiden. Salat putzen, waschen und klein schneiden.

2 Avocado längs halbieren, Kern herauslösen. Fruchtfleisch mit einem Löffel aus der Schale lösen, klein würfeln und mit Zitronensaft beträufeln. Knoblauch schälen, hacken. Mit Joghurt und Crème fraîche verrühren. Mit Salz, Chili und etwas Zucker würzen.

3 Brot im heißen Ofen ca. 5 Minuten aufbacken. Inzwischen Lachs waschen, trocken tupfen und würfeln. Im heißen Öl unter Wenden ca. 4 Minuten braten. Mit Salz und Pfeffer würzen. Mit Salatzutaten und Sesam mischen.

4 Brot vierteln und je eine Tasche hineinschneiden. Mit Lachs-Salat-Mischung füllen. Etwas Soße darübergeben. Rest Soße dazu reichen.

ZUBEREITUNGSZEIT ca. 20 Min.
PORTION ca. 650 kcal
E 26 g · F 39 g · KH 45 g

VARIATIONEN

Statt mit Lachsfilet schmeckt der Döner auch mit gebratenem Kabeljau oder Seelachs lecker. Wenn Kinder mitessen, sind auch Fischstäbchen ideal.

Zucchinipfanne mit Kabanossi

ZUTATEN FÜR 4 PERSONEN

- ♥ 1 Zwiebel
- ♥ 2 Knoblauchzehen
- ♥ 300 g Kabanossi, Mettwürstchen oder Krakauer
- ♥ 1,2 kg Zucchini
- ♥ 3 EL Olivenöl
- ♥ 1 TL getrocknete italienische Kräuter
- ♥ Salz ♥ Chilipulver
- ♥ 4 TL Crème fraîche

1 Zwiebel und Knoblauch schälen, hacken. Wurst in Scheiben schneiden. Zucchini putzen, waschen und in Scheiben schneiden. 1 EL Öl in einer großen Pfanne erhitzen. Wurst darin unter Wenden kurz kräftig anbraten. Herausnehmen.

2 2 EL Öl im Bratfett erhitzen. Zucchini darin portionsweise unter Wenden ca. 5 Minuten braten. Zwiebel, Knoblauch und Kräuter zufügen und ca. 3 Minuten mitbraten. Mit Salz und Chili würzen. Wurst zufügen und erhitzen. Zucchinipfanne mit je 1 TL Crème fraîche anrichten. Dazu schmeckt frisches Bauernbrot.

ZUBEREITUNGSZEIT ca. 20 Min.
PORTION ca. 350 kcal
E 16 g · F 27 g · KH 7 g

Schweinefilet mit Gnocchi & Senfsoße

ZUTATEN FÜR 4 PERSONEN

- ♥ 1 großes Bund Lauchzwiebeln
- ♥ 500 g Schweinefilet
- ♥ 2 EL Öl
- ♥ Salz ♥ Pfeffer
- ♥ ⅛ l Apfelsaft
- ♥ 1 TL Gemüsebrühe (instant)
- ♥ 100 g Schlagsahne
- ♥ 2–3 EL körniger Senf ♥ Zucker
- ♥ 2 EL Butter
- ♥ 600 g frische Gnocchi (Kühlregal)
- ♥ Alufolie

1 Lauchzwiebeln putzen, waschen und in feine Ringe schneiden. Filet waschen, trocken tupfen und in 4 Stücke schneiden.

2 Öl in einer beschichteten Pfanne erhitzen. Fleisch darin von jeder Seite 2–3 Minuten kräftig braten. Mit Salz und Pfeffer würzen, herausnehmen und in Alufolie wickeln.

3 Lauchzwiebeln, bis auf 1 EL, im heißen Bratfett anbraten. 200 ml Wasser, Apfelsaft und Brühe einrühren, aufkochen. Sahne und Senf zugeben und ca. 3 Minuten köcheln. Mit Salz, Pfeffer und 1 Prise Zucker abschmecken.

4 Inzwischen Butter in einer zweiten Pfanne erhitzen. Gnocchi darin unter Wenden goldbraun braten. Mit Filets und Senfsoße anrichten.

ZUBEREITUNGSZEIT ca. 20 Min.
PORTION ca. 600 kcal
E 36 g · F 21 g · KH 62 g

FIXE BEILAGE

Noch eine frische Beilage gewünscht? Ein knackiger Salat passt ideal dazu. Besonders schnell geht's mit einer fertigen Mischung aus der Packung.

Panierter Feta auf mediterranem Salat

ZUTATEN FÜR 4 PERSONEN

- ♥ 150 g gemischte Blattsalate (z. B. Rucola und Eisberg)
- ♥ 150 g Kirschtomaten
- ♥ 1 Dose (425 ml) Artischockenherzen
- ♥ 4 EL heller Balsamico-Essig
- ♥ 1 EL mittelscharfer Senf
- ♥ Salz ♥ Pfeffer ♥ Zucker
- ♥ 5 EL Olivenöl ♥ 400 g fester Feta
- ♥ 1 Ei (Gr. M) ♥ 3 EL Mehl ♥ 3–4 EL Semmelbrösel
- ♥ 50 g schwarze Oliven

1 Salate waschen, abtropfen lassen und kleiner zupfen bzw. schneiden. Tomaten waschen und halbieren. Artischocken abtropfen lassen. Dann in Viertel oder in Spalten schneiden.

2 Essig mit Senf, Salz, Pfeffer und etwas Zucker verrühren. 3 EL Öl kräftig darunterschlagen. Feta in 8 dünne Scheiben schneiden. Ei verquirlen. Käse erst in Mehl, dann in Ei und zuletzt in Semmelbröseln wenden.

3 2 EL Öl in einer großen beschichteten Pfanne erhitzen. Feta darin von jeder Seite ca. 3 Minuten goldbraun braten. Herausnehmen und auf Küchenpapier gut abtropfen lassen. Vorbereitete Salatzutaten und Oliven mit der Marinade mischen. Feta auf dem Salat anrichten. Dazu passt Fladenbrot.

ZUBEREITUNGSZEIT ca. 25 Min.
PORTION ca. 440 kcal
E 19 g · F 28 g · KH 24 g

FÜR DEN VORRAT

Essig-Öl-Marinaden können Sie auf Vorrat produzieren. Am besten alle Zutaten in ein Schraubglas geben und kräftig schütteln. Die benötigte Menge entnehmen und den Rest in dem Glas im Kühlschrank lagern. Hält sich mindestens 1 Woche.

Ofenkäse mit Honig-Thymian-Zwiebeln

ZUTATEN FÜR 4 PERSONEN

- ♥ 2 reife Camemberts (à 250 g; 45 % Fett) in der Spanschachtel
- ♥ 2 Zwiebeln
- ♥ 1 rotschalige Birne
- ♥ 2 EL Thymianblättchen
- ♥ 3 EL Öl
- ♥ Salz ♥ Pfeffer
- ♥ 150 g flüssiger Honig
- ♥ 4 Stiele Petersilie

1 Backofen vorheizen (E-Herd: 225 °C/ Umluft 200 °C/Gas: s. Hersteller). Käse aus der Verpackung nehmen, Folie entfernen und wieder in die Spanschachtel setzen. Käse in der Schachtel auf ein Backblech setzen. Im heißen Ofen 10–12 Minuten backen bzw. Packungsanweisung beachten.

2 Inzwischen Zwiebeln schälen, halbieren und in dünne Scheiben schneiden. Birne waschen, vierteln, entkernen und in kleine Stücke schneiden. Zwiebeln, Birne und Thymian mischen und im heißen Öl kurz anbraten. Mit Salz und Pfeffer würzen. Honig einrühren. Petersilie waschen, fein schneiden und unterrühren. Käse aus dem Ofen nehmen. Mit Honig-Thymian-Zwiebeln servieren. Dazu schmeckt Brot.

ZUBEREITUNGSZEIT ca. 20 Min.
PORTION ca. 460 kcal
E 27 g · F 31 g · KH 15 g

EINER FÜR ZWEI

So kommen alle in den Genuss: Legen Sie zum Ofenkäse kleine Holzspatel (vom Raclette), damit sich jeder seine Portion auf den Teller oder eine Scheibe Brot umfüllen kann.

Fertig in
20
Minuten

Spundekäse mit Paprika

ZUTATEN FÜR 4 PERSONEN

- ♥ 1 kleine Zwiebel
- ♥ 1 Knoblauchzehe
- ♥ 50 g sehr weiche Butter
- ♥ 100 g Doppelrahmfrischkäse
- ♥ 250 g Speisequark (20 % Fett)
- ♥ 1 TL Edelsüßpaprika
- ♥ Salz ♥ Pfeffer
- ♥ ½ Bund Schnittlauch

Fertig in
15
Minuten

1 Zwiebel und Knoblauch schälen, würfeln und fein pürieren. Butter, Frischkäse und Quark cremig rühren. Zwiebel und Knoblauch zufügen und weitere 2–3 Minuten rühren.

2 Paprika in die Käsemasse einrühren, bis sie eine zartrosa Farbe annimmt. Spundekäse mit Salz und Pfeffer abschmecken und in einer Schüssel anrichten. Mit etwas Paprika bestäuben. Schnittlauch waschen, in feine Röllchen schneiden und darüberstreuen. Dazu schmecken Laugengebäck und verschiedene Wurstsorten.

ZUBEREITUNGSZEIT ca. 15 Min.
PORTION ca. 320 kcal
E 9 g · F 20 g · KH 3 g

SCHNELL VARIIERT

Spundekäse ist eine traditionelle Spezialität aus Rheinhessen. Er besteht klassisch aus Frischkäse und Quark. Wer Kalorien sparen möchte, greift zu Magerquark und Rahmfrischkäse, auch saure Sahne oder Schmand können Sie verwenden. Zum Würzen eignen sich außerdem gemahlener Kümmel, Senf und Kapern. Dazu passt Brot.

Käsesuppe mit Schinkenchips

ZUTATEN FÜR 4 PERSONEN

- ♥ 1 Stange Porree
- ♥ 2 Knoblauchzehen
- ♥ 3 EL Butter
- ♥ 1 gehäufter EL Mehl
- ♥ ¼ l Milch ♥ 5 EL Weißwein
- ♥ 2 TL Brühe
- ♥ 2 EL Mandelblättchen
- ♥ 4 dünne Scheiben Schinken
  (z. B. Schwarzwälder)
- ♥ 1 TL Öl
- ♥ 100 g Sahneschmelzkäse
- ♥ Pfeffer ♥ Salz ♥ Zucker

1 Porree putzen, waschen und in feine Ringe schneiden. Knoblauch schälen und fein hacken.

2 Butter in einem Topf erhitzen. Porree, bis auf 2 EL, und Knoblauch darin andünsten. Mehl darüberstäuben und kurz hell anschwitzen. Milch, Wein, 400 ml Wasser und Brühe einrühren. Alles aufkochen und ca. 15 Minuten köcheln.

3 Inzwischen Mandeln goldbraun rösten und abkühlen lassen. Schinken halbieren und in 1 TL heißem Öl knusprig braten. Herausnehmen und auskühlen lassen.

4 Schmelzkäse in Flöckchen unter Rühren in der Suppe schmelzen. Mit Pfeffer, etwas Salz und Zucker abschmecken. Mit Mandeln, übrigem Porree und Schinkenchips anrichten.

ZUBEREITUNGSZEIT ca. 30 Min.
PORTION ca. 240 kcal
E 8 g · F 16 g · KH 12 g

Gerösteter Feta mit gemischtem Salat

ZUTATEN FÜR 4 PERSONEN
- ♥ 1 Salatgurke
- ♥ 2 kleine rote Zwiebeln
- ♥ 2 Minirömersalate
- ♥ 4 EL Weißweinessig
- ♥ Salz ♥ Pfeffer ♥ Zucker
- ♥ 6 EL + etwas Olivenöl
- ♥ 2 Lauchzwiebeln
- ♥ 400 g Feta
- ♥ 2–3 EL Mehl
- ♥ 1 Bio-Zitrone

1 Gurke putzen, schälen, evtl. entkernen und klein würfeln. Zwiebeln schälen, in feine Ringe schneiden. Salate putzen, waschen und in Streifen schneiden. Essig, Salz, Pfeffer und etwas Zucker verrühren. 3 EL Öl darunterschlagen. Salatzutaten und Vinaigrette mischen.

2 Lauchzwiebeln putzen, waschen und in feine Ringe schneiden. Feta trocken tupfen. Jedes Stück vierteln und waagerecht halbieren. Feta in Mehl wenden, abklopfen.

3 Eine große beschichtete Pfanne mit 1 EL Öl ausstreichen und stark erhitzen. Hälfte Feta darin von jeder Seite ca. 1 Minute braten, bis der Käse eine goldbraune Kruste hat, herausnehmen. Pfanne evtl. säubern, wieder ölen, erhitzen und übrigen Käse ebenso braten.

4 Zitrone vierteln. Heißen Feta mit Lauchzwiebeln bestreuen und mit 2 EL Öl beträufeln. Zitronenviertel darüber ausdrücken. Salat dazu reichen. Dazu: Fladenbrot.

ZUBEREITUNGSZEIT ca. 25 Min.
PORTION ca. 490 kcal
E 24 g · F 38 g · KH 9 g

Fertig in
25
Minuten

Tomaten-Obatzda mit Nüssen

ZUTATEN FÜR 4 PERSONEN
- ♥ 50 g Haselnusskerne
- ♥ 75 g Softtomaten
- ♥ 1 Zwiebel
- ♥ 1 kleines Bund Schnittlauch
- ♥ 75 g weiche Butter
- ♥ 1 gestrichener EL Edelsüßpaprika
- ♥ 1 TL Tomatenmark
- ♥ 250 g reifer Camembert (45 % Fett i. Tr.)
- ♥ Pfeffer ♥ Salz

1 Nüsse grob hacken und ohne Fett leicht rösten. Auskühlen lassen. Softtomaten in sehr feine Streifen schneiden. Zwiebel schälen und fein würfeln. Schnittlauch waschen und in feine Röllchen schneiden.

2 Butter, Nüsse, Zwiebel, Schnittlauch, Paprika und Tomatenmark verrühren. Camembert fein würfeln und untermischen, dabei den Käse mit einer Gabel zerdrücken. Mit Pfeffer und wenig Salz abschmecken. Dazu schmeckt Laugengebäck oder Brot.

ZUBEREITUNGSZEIT ca. 15 Min.
PORTION ca. 430 kcal
E 17 g · F 38 g · KH 7 g

Fertig in **15** Minuten

Gegrillter Ziegenkäse mit Äpfeln

ZUTATEN FÜR 4 PERSONEN

- ♥ Öl für die Alufolie
- ♥ 75 g Rucola
- ♥ 2–3 Stiele Thymian
- ♥ 4 Scheiben Frühstücksspeck
- ♥ 1 großer Apfel
- ♥ 1 Rolle (150 g) Ziegenfrischkäse
- ♥ Pfeffer
- ♥ 1 EL Haselnuss- oder Mandelblättchen
- ♥ 4 TL flüssiger Honig
- ♥ einige Spritzer Balsamicocreme (Flasche)
- ♥ Alufolie

1 Backofengrill vorheizen oder Backofen auf höchster Hitze vorheizen. Backblech mit Alufolie auslegen, Folie dünn mit Öl einpinseln. Rucola putzen, waschen und gut abtropfen lassen. Thymian waschen, abzupfen. Speckscheiben in Stücke schneiden.

2 Apfel waschen, trocken tupfen und das Kerngehäuse ausstechen. Apfel in 4 Ringe schneiden und aufs Blech legen. Käserolle in 8 Scheiben schneiden. Je 2 Käsescheiben auf 1 Apfelring legen. Mit Pfeffer, Nüssen und Thymian bestreuen. Mit Honig beträufeln und Speck darauf verteilen.

3 Unterm vorgeheizten Grill oder bei höchster Hitze im Backofen ca. 5 Minuten überbacken. Mit Rucola und Balsamicocreme garnieren. Sofort servieren.

ZUBEREITUNGSZEIT ca. 20 Min.
PORTION ca. 140 kcal
E 4 g · F 6 g · KH 17 g

Fertig in
20
Minuten

Handkäse mit Linsenvinaigrette

ZUTATEN FÜR 4 PERSONEN

- ♥ 100 g Berglinsen
- ♥ 1 rote Zwiebel
- ♥ 2 Tomaten
- ♥ 6 EL Öl
- ♥ Zucker ♥ Salz ♥ Pfeffer
- ♥ 150 ml Apfelwein oder Apfelsaft
- ♥ 5 EL Apfelessig
- ♥ ½ Bund Schnittlauch
- ♥ 3 Stiele Petersilie
- ♥ 400 g Hand- oder Harzer Käse

1 Linsen in kochendem Wasser ca. 25 Minuten garen (siehe auch Packungsanweisung).

2 Zwiebel schälen und fein würfeln. Tomaten waschen, vierteln, entkernen und klein würfeln. 2 EL Öl in einer Pfanne erhitzen. Zwiebel und Tomaten darin kurz andünsten. Mit 1 TL Zucker bestreuen und mit Apfelwein und Essig ablöschen. Vom Herd nehmen und 4 EL Öl unterrühren.

3 Linsen gut abtropfen lassen und mit der Vinaigrette verrühren. Mit Salz und Pfeffer abschmecken. Etwas ziehen lassen.

4 Kräuter waschen. Schnittlauch in Röllchen schneiden, Petersilie hacken. Kräuter unter die Linsenvinaigrette mischen. Käse in Scheiben schneiden und mit der Vinaigrette mischen. Dazu schmeckt Bauernbrot.

ZUBEREITUNGSZEIT ca. 30 Min.
PORTION ca. 390 kcal
E 36 g · F 16 g · KH 20 g

Mozzarellapäckchen auf Blattspinat

ZUTATEN FÜR 4 PERSONEN

- ♥ 1 kg junger Blattspinat
- ♥ 1 Zwiebel
- ♥ 1 Knoblauchzehe
- ♥ 2 Kugeln Mozzarella (à 125 g)
- ♥ Pfeffer
- ♥ 4 Scheiben Parmaschinken
- ♥ 2 dicke Scheiben Ciabatta (je ca. 5 cm breit)
- ♥ 4 EL Kräuterbutter (Kühlregal)
- ♥ 2 EL Olivenöl
- ♥ Salz ♥ Muskat

1 Spinat verlesen, waschen und abtropfen lassen. Zwiebel und Knoblauch schälen, würfeln. Mozzarella abtropfen lassen und mit Pfeffer würzen. Jede Kugel halbieren und mit Parmaschinken umwickeln.

2 Ciabatta wie ein Brötchen aufschneiden und mit Kräuterbutter bestreichen. Mit der Schnittfläche nach unten in eine heiße Pfanne geben und goldbraun rösten. Brot wenden, kurz rösten und herausnehmen.

3 Zwiebel und Knoblauch in 1 EL heißem Öl andünsten. Spinat tropfnass portionsweise zufügen. Zugedeckt zusammenfallen lassen und mit Salz, Pfeffer und Muskat würzen.

4 1 EL Öl in der heißen Pfanne erhitzen. Mozzarellapäckchen darin von jeder Seite 1–2 Minuten braten. Mit Spinat und Kräuterciabatta anrichten.

ZUBEREITUNGSZEIT ca. 25 Min.
PORTION ca. 410 kcal
E 22 g · F 26 g · KH 20 g

Das 1 x 1 der schnellen Küche

Planung ist das A und O

Die schnelle Zubereitung beginnt schon beim Einkauf, denn durch eine gezielte Auswahl der Lebensmittel erleichtern Sie sich das Kochen. Schließlich sind zwei große Möhren oder Kartoffeln schneller geschält als mehrere kleine. Und greifen Sie zu geriebenem Käse, das spart zusätzlich Zeit.

Setzen Sie größere Mengen kochendes Wasser, z. B. für Nudeln, am besten rechtzeitig auf. Ein Wasserkocher ist dabei eine schnelle Hilfe. Heizen Sie auch den Backofen immer als Erstes vor.

Wer häufig größere Mengen in kurzer Zeit kochen möchte, sollte über die Anschaffung eines Schnellkochtopfes nachdenken. Darin garen Fleisch (z. B. Schmorbraten), Eintöpfe usw. unter Druck in deutlich geringerer Zeit.

Einmal kochen – mehrmals essen

Heute schon für morgen kochen – das spart Zeit! Viele Lebensmittel können, bereits gekocht, 2–3 Tage im Kühlschrank aufbewahrt werden, z. B. Reis, Nudeln und Kartoffeln. Kochen Sie deshalb gleich die doppelte Menge und machen Sie am nächsten Tag eine Reispfanne, ein leckeres Bauernfrühstück oder einen Nudelauflauf daraus.

Zeitaufwendige Gerichte wie Gulasch und Rouladen einfach schon in größeren Mengen kochen und dann einfrieren. Eine Mikrowelle hilft beim spontanen Auftauen oder Erhitzen.

Pesto, Salatsoßen und Vinaigrettes kann man ebenfalls in doppelter Menge herstellen und dann bis zu 1 Woche im Kühlschrank aufbewahren.

Lebensmittel aus dem Vorrat

Eigentlich benötigt man keine speziellen Lebensmittel für die schnelle Küche. Auch viele frische Zutaten brauchen nicht lange, bis sie gar sind. Trotzdem ist es gut, einen Vorrat an verschiedenen Lebensmitteln im Haus zu haben, falls doch mal keine Zeit zum Einkaufen ist.

Tiefkühltruhe

Die Auswahl an Gemüse ist super, egal ob Sie einzelne Sorten (z. B. Erbsen und Spinat) oder Gemüsemischungen einkaufen. Man spart sich das Putzen, Waschen und Zerkleinern und kann die Vitamin- spender über Monate in der Gefriertruhe lagern. Ein weiteres Plus: Die Garzeiten sind kürzer, da das Gemüse bereits blanchiert (vorge- gart) ist. Außerdem praktisch aus der Truhe sind Kräuter, Blätterteig, Garnelen und Kartoffelprodukte (z. B. Puffer und Rösti).

Speisekammer

Einige Gemüse- und Obstsorten lagert man auch in der Speisekammer oder an einem anderen kühlen, dunklen Ort (Keller oder Garage). Dazu gehören z. B. Zwiebeln, Knoblauch, Kartoffeln, Möhren und Kürbis. Aber auch mit Äpfeln, Orangen und Zitronen kann man sich dort bevorraten. Je nach Platz im Küchenschrank gehören auch Konserven und Einge- machtes (z. B. Marmeladen) in die Speisekammer.

Kühlschrank

Hier halten sich geöffnete Gläser und Flaschen, z. B. Oliven, Sojasoße, Senf, Mayonnaise und Ketchup. Außerdem können Sie einen Kurzvorrat an Milchprodukten, Hartkäse (z. B. Parmesan), Eiern und Butter anlegen. Im Trend liegen vorgefertigte Produkte wie z. B. fertige Teige, Kartoffel- produkte und Pasta aller Art aus dem Kühlregal – sie schmecken so gut wie selbst gemacht.

Vorratsschrank

Platz für z. B. Konservendosen, die sich über Monate lagern lassen. Auch wer keine Fertigprodukte möchte, sollte Tomaten (ganz, stückig, passiert oder als Tomatenmark), Hülsenfrüchte, Mais, Sauerkraut, Kokosmilch und Thunfisch für seinen Speiseplan überdenken. Mit ein paar frischen Zutaten aufgepeppt, zaubern Sie daraus im Handumdrehen leckere Nudelsoßen, Suppen oder Pfannengerichte. Auch Reis, Nudeln, Grieß, rote Linsen und Instant- produkte wie Kartoffelpüree und Brühe gehören in den Schrank. Und haltbare Milchprodukte (H-Milch und H-Sahne) sind super für die schnelle Küche.

Basics

Gewürze, getrocknete Kräuter, Zucker, Mehl, Essig und Öl dürfen natürlich nicht fehlen – sie sollten immer ausreichend vorhanden sein.

Schnelles Kabanossi-Bohnen-Chili

ZUTATEN FÜR 4 PERSONEN

- ♥ 1 Dose (425 ml) Kidneybohnen
- ♥ 1 Dose (425 ml) Mais
- ♥ 1 Zwiebel
- ♥ 2 Knoblauchzehen
- ♥ 1 rote Chilischote
- ♥ 250 g Kabanossi
- ♥ 2 EL Olivenöl
- ♥ 2 EL Tomatenmark
- ♥ 2 Packungen (à 500 g) stückige Tomaten
- ♥ Salz ♥ Pfeffer
- ♥ 2–3 EL geröstete gesalzene Erdnüsse
- ♥ 4 Stiele Petersilie

1 Bohnen und Mais abgießen, abspülen und abtropfen lassen. Zwiebel und Knoblauch schälen und fein würfeln. Chili waschen, entkernen und fein hacken. Kabanossi aus der Haut lösen und in Scheiben schneiden.

2 Öl in einem Topf erhitzen. Zwiebel und Knoblauch darin andünsten. Wurst zufügen. Tomatenmark und Chili einrühren, kurz anschwitzen. Stückige Tomaten zufügen, aufkochen, alles ca. 10 Minuten köcheln. Mit Salz und Pfeffer würzen.

3 Bohnen und Mais zum Chili geben und aufkochen. Mit Salz und Pfeffer abschmecken. Nüsse grob hacken. Petersilie waschen, hacken und mit den Nüssen mischen. Chili damit bestreuen. Dazu schmeckt Baguette.

ZUBEREITUNGSZEIT ca. 25 Min.
PORTION ca. 520 kcal
E 25 g · F 31 g · KH 32 g

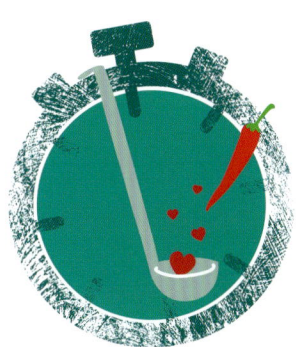

73

Kartoffelsuppe mit Speck und Erbsen

ZUTATEN FÜR 4 PERSONEN

- ♥ 1 Zwiebel
- ♥ 75 g Frühstücksspeck in Scheiben (Bacon)
- ♥ 150 g Champignons
- ♥ 500 g Kartoffeln
- ♥ 1 EL Öl
- ♥ Salz ♥ Pfeffer
- ♥ 200 g TK-Erbsen
- ♥ 2–3 TL klare Brühe (instant)
- ♥ 150 g Schlagsahne
- ♥ Muskat

1 Zwiebel schälen und fein würfeln. Speck in feine Streifen schneiden. Pilze putzen, waschen und in Scheiben schneiden. Kartoffeln schälen und grob würfeln.

2 Öl in einem Topf erhitzen. Speck darin knusprig anbraten. Pilze und Hälfte Zwiebel zufügen und ca. 3 Minuten mitbraten. Alles herausnehmen und beiseitestellen.

3 Rest Zwiebel im heißen Bratfett andünsten. Kartoffeln kurz mit andünsten. Mit Salz und Pfeffer würzen. ¾ l Wasser zugießen, aufkochen. Hälfte gefrorene Erbsen und Brühe zufügen. Zugedeckt ca. 20 Minuten köcheln.

4 Suppe mit dem Stabmixer fein pürieren. Sahne zufügen und alles mit Salz, Pfeffer und Muskat abschmecken.

Übrige gefrorene Erbsen darin erhitzen. Suppe mit Speck-Pilz-Mischung anrichten.

ZUBEREITUNGSZEIT ca. 30 Min.
PORTION ca. 390 kcal
E 8 g · F 27 g · KH 25 g

SCHNELL FÜR GÄSTE

Diese feine Kartoffelsuppe lässt sich gut vorbereiten. Die Speck-Pilz-Einlage sollten Sie kurz vor dem Servieren noch einmal erhitzen.

Gelbe Paprikasuppe mit Chorizo

ZUTATEN FÜR 4 PERSONEN

- ♥ 4 gelbe Paprikaschoten
- ♥ 1 kleine rote Paprikaschote
- ♥ 1 Zwiebel ♥ 1 Knoblauchzehe
- ♥ 2 EL Olivenöl
- ♥ 1 TL getrockneter Oregano
- ♥ 3 TL Gemüsebrühe (instant)
- ♥ 150 g Chorizo (spanische Paprikawurst) oder Kabanossi
- ♥ 100 g Schmand
- ♥ Salz ♥ Pfeffer

1 Alle Paprikaschoten putzen und waschen. Gelbe Paprika bis auf eine Hälfte in Stücke schneiden. Zwiebel und Knoblauch schälen und hacken.

2 1 EL Öl in einem Topf erhitzen. Zwiebel, Knoblauch, Paprikastücke und Oregano darin ca. 3 Minuten andünsten. 1 l Wasser und Brühe zufügen, aufkochen. Zugedeckt ca. 10 Minuten köcheln.

3 Inzwischen rote und Rest gelbe Paprika fein würfeln. Wurst in Scheiben schneiden. Beides in 1 EL heißem Öl scharf anbraten.

4 Suppe fein pürieren und durch ein Sieb streichen. Schmand einrühren. Suppe mit Salz und Pfeffer abschmecken. Mit Paprika-Wurst-Mischung anrichten.

ZUBEREITUNGSZEIT ca. 30 Min.
PORTION ca. 340 kcal
E 12 g · F 26 g · KH 12 g

PROFI-TIPP

Mixen Sie die Suppe kurz vor dem Servieren noch einmal mit dem Stabmixer durch. Dadurch wird sie schön schaumig.

Kürbissuppe mit Schinkenröllchen

ZUTATEN FÜR 4 PERSONEN

- ♥ 1 kleiner Hokkaidokürbis (ca. 600 g)
- ♥ 2 Möhren ♥ 2 mittelgroße Kartoffeln
- ♥ 1 Zwiebel ♥ 2 EL Öl
- ♥ Salz ♥ Pfeffer
- ♥ 2–3 TL Gemüsebrühe (instant)
- ♥ 2 EL Mandelblättchen ♥ 3 Stiele Petersilie
- ♥ 4 Scheiben Lachsschinken (ohne Fettrand)
- ♥ 100 g Schlagsahne

1 Kürbis waschen, halbieren und entkernen. Möhren und Kartoffeln schälen, waschen. Alles klein schneiden. Zwiebel schälen und würfeln.

2 Öl in einem Topf erhitzen. Kürbis, Möhren, Kartoffeln und Zwiebel darin andünsten. Mit Salz und Pfeffer würzen. Mit 1 l Wasser ablöschen, aufkochen und Brühe einrühren. Zugedeckt ca. 15 Minuten köcheln.

3 Inzwischen Mandeln in einer Pfanne ohne Fett rösten, herausnehmen. Petersilie waschen und fein hacken. Lachsschinken fest aufrollen und in Scheiben schneiden.

4 Sahne halbsteif schlagen. Suppe mit dem Stabmixer pürieren. Hälfte Sahne und Petersilie unterrühren. Mit Salz und Pfeffer abschmecken. Suppe mit Rest Sahne, Schinkenröllchen und Mandeln anrichten.

ZUBEREITUNGSZEIT ca. 30 Min.
PORTION ca. 320 kcal
E 8 g · F 18 g · KH 28 g

HOT & SPICY

Wer's gern etwas feuriger mag, kocht einfach eine ganze rote Chilischote mit. Vorm Pürieren herausfischen! Die Chilischote müssen Sie nicht erst putzen und fein hacken.

Tomatensuppe mit Avocado

ZUTATEN FÜR 4 PERSONEN

- ♥ 1 kleine Gemüsezwiebel
- ♥ 2 EL Olivenöl
- ♥ 1 EL Tomatenmark
- ♥ 1 EL Mehl
- ♥ 1 Dose (850 ml) Tomaten
- ♥ 1 Dose (425 ml) Tomaten
- ♥ 1 TL Gemüsebrühe (instant)
- ♥ Salz ♥ Pfeffer
- ♥ 1 TL getrockneter Oregano
- ♥ 2 EL Pinienkerne
- ♥ 1 kleine Paprikaschote (z. B. gelb)
- ♥ 1 kleine reife Avocado
- ♥ 2 EL Zitronensaft

1 Zwiebel schälen und fein würfeln. Öl in einem Topf erhitzen. Zwiebel darin andünsten. Tomatenmark und Mehl zufügen, kurz anschwitzen. Tomaten samt Saft, ¼ l Wasser und Brühe einrühren, aufkochen. Tomaten mit dem Pfannenwender grob zerkleinern. Mit Salz, Pfeffer und Oregano würzen. Zugedeckt ca. 10 Minuten köcheln.

2 Inzwischen Pinienkerne in einer Pfanne ohne Fett goldbraun rösten. Paprika putzen, waschen und sehr fein würfeln. Avocado halbieren, entsteinen und schälen. Fruchtfleisch in Spalten schneiden und sofort mit Zitronensaft beträufeln.

3 Tomatensuppe mit dem Stabmixer pürieren und nochmals kräftig abschmecken. Mit Avocado, Paprikawürfeln und Pinienkernen anrichten.

ZUBEREITUNGSZEIT ca. 30 Min.
PORTION ca. 480 kcal
E 37 g · F 9 g · KH 60 g

Linsen-Dal mit Kokosmilch

ZUTATEN FÜR 4 PERSONEN
- ♥ 1 Stück (ca. 2 cm) Ingwer
- ♥ 1 Knoblauchzehe
- ♥ 2 Zwiebeln
- ♥ 2 EL Öl
- ♥ 300 g rote Linsen
- ♥ 1 TL gemahlener Kreuzkümmel
- ♥ 1 Dose (425 ml) Tomaten
- ♥ 1 Dose (425 ml) ungesüßte Kokosmilch
- ♥ 1–2 TL Chilipulver
- ♥ Salz ♥ Pfeffer
- ♥ 2–3 EL Kokoschips

1 Ingwer schälen und fein würfeln. Knoblauch und Zwiebeln schälen, hacken. Öl in einem Topf erhitzen. Zwiebeln, Knoblauch und Ingwer darin andünsten.

2 Linsen und Kreuzkümmel zufügen, kurz mit andünsten. Tomaten samt Saft, Kokosmilch und ½ l Wasser zugießen, aufkochen. Tomaten mit dem Pfannenwender zerkleinern. Mit Chili, Salz und Pfeffer würzen. Zugedeckt ca. 20 Minuten köcheln. Öfter umrühren.

3 Kokoschips in einer Pfanne ohne Fett goldbraun rösten. Herausnehmen. Suppe nochmals abschmecken und mit Kokoschips anrichten. Dazu schmeckt orientalisches Fladenbrot.

ZUBEREITUNGSZEIT ca. 30 Min.
PORTION ca. 510 kcal
E 22 g · F 25 g · KH 45 g

FLEISCH DAZU?

Wer nicht auf Fleisch verzichten möchte, kann sich in Streifen geschnittene Lammlachse dazu braten, während die Linsen köcheln.

Schmorgurkensuppe mit Feta und Hack

ZUTATEN FÜR 4 PERSONEN

- ♥ 1 Zwiebel
- ♥ 1,2 kg Schmorgurken
- ♥ 3 Kartoffeln
- ♥ 2 EL Öl ♥ 2 EL klare Brühe (instant)
- ♥ 250 g gemischtes Hack
- ♥ Salz ♥ Pfeffer
- ♥ 100 g Feta
- ♥ 200 g Schmand
- ♥ 4 Stiele Dill

1 Zwiebel schälen und fein würfeln. Gurken schälen, längs halbieren und entkernen. Kartoffeln schälen und waschen. Beides in Stücke schneiden.

2 1 EL Öl im großen Topf erhitzen. Gurken, Kartoffeln und Hälfte Zwiebel darin andünsten. 1 l Wasser und Brühe zufügen. Aufkochen und zugedeckt ca. 12 Minuten köcheln.

3 Inzwischen 1 EL Öl in einer Pfanne erhitzen. Rest Zwiebel und Hack darin ca. 5 Minuten krümelig braten. Mit Salz und Pfeffer würzen. Feta zerbröckeln.

4 Schmand in die Suppe rühren. Alles mit dem Stabmixer kurz anpürieren. Dill waschen, fein schneiden und in die Suppe geben. Suppe mit Salz und Pfeffer abschmecken. Mit Hack und Feta anrichten.

ZUBEREITUNGSZEIT ca. 30 Min.
PORTION ca. 460 kcal
E 24 g · F 33 g · KH 14

GURKEN ENTKERNEN
Die geschälten Gurken längs halbieren und die Kerne ruck, zuck mit einem Esslöffel herausschaben.

Szegediner Krautsuppe mit Mettwürstchen

ZUTATEN FÜR 4 PERSONEN

- ♥ 1 Dose (850 ml) Sauerkraut
- ♥ 1 mittelgroße Zwiebel
- ♥ 2 EL Öl
- ♥ Salz ♥ Pfeffer ♥ Zucker
- ♥ 2 TL Edelsüßpaprika
- ♥ 3 TL Gemüsebrühe (instant)
- ♥ 4 Mettenden (ca. 300 g)
- ♥ 4 Stiele Petersilie
- ♥ 5–6 EL Kartoffelpüreeflocken (Packung)
- ♥ 4 EL Crème fraîche

1 Sauerkraut abgießen und abtropfen lassen. Zwiebel schälen und fein würfeln. Öl in einem Topf erhitzen. Zwiebel darin glasig dünsten. Sauerkraut zufügen und kräftig anschmoren.

2 Kraut mit Salz, Pfeffer, etwas Zucker und Paprikapulver würzen. 1 ¼ l Wasser und Brühe einrühren, aufkochen und zugedeckt ca. 10 Minuten köcheln.

3 Würste in Scheiben schneiden. Petersilie waschen und in Streifen schneiden. Püreepulver löffelweise in die Suppe rühren.

4 Wurst zufügen und alles ca. 5 Minuten köcheln. Abschmecken und mit Crème fraîche und Petersilie anrichten.

ZUBEREITUNGSZEIT ca. 30 Min.
PORTION ca. 440 kcal
E 19 g · F 32 g · KH 16 g

SCHNELLE BINDUNG

Sämige Suppen lassen sich ganz fix mit ein Paar Löffeln Kartoffelpüreeflocken aus der Packung binden. Praktisch: Sie klumpen nicht!

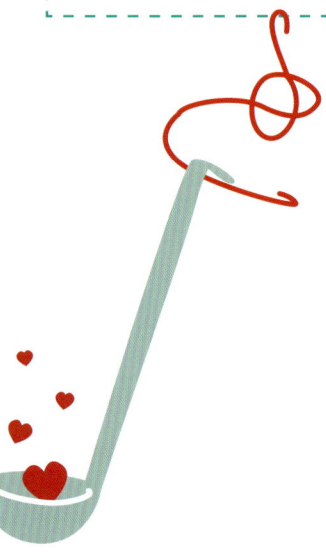

Zucchini-Kresse-Suppe mit Krabben

ZUTATEN FÜR 4 PERSONEN

- ♥ 2 Kartoffeln (ca. 200 g)
- ♥ 2 Zucchini (ca. 300 g)
- ♥ 1 Zwiebel
- ♥ 1 Knoblauchzehe
- ♥ 2 EL Butter
- ♥ 100 ml Weißwein
- ♥ 2 TL Gemüsebrühe (instant)
- ♥ 1 Beet Kresse
- ♥ 150 g Schlagsahne
- ♥ Salz ♥ Pfeffer
- ♥ 1–2 EL Zitronensaft
- ♥ 100 g Nordseekrabbenfleisch

1 Kartoffeln schälen. Zucchini putzen. Beides waschen und klein schneiden. Zwiebel und Knoblauch schälen, hacken. Butter in einem Topf erhitzen. Zwiebel und Knoblauch darin andünsten. Kartoffeln und Zucchini kurz mitdünsten. Alles mit Wein und ¾ l Wasser ablöschen. Aufkochen und Brühe einrühren. Zugedeckt ca. 15 Minuten garen.

2 Kresse waschen, vom Beet schneiden und ca. ¾ Kresse in die Suppe rühren. Alles fein pürieren. 100 g Sahne einrühren. Mit Salz, Pfeffer und Zitronensaft abschmecken. Krabbenfleisch abspülen. Mit Rest Sahne und übriger Kresse in der Suppe anrichten.

ZUBEREITUNGSZEIT ca. 30 Min.
PORTION ca. 250 kcal
E 8 g · F 17 g · KH 11 g

SCHNELL VARIIERT

Statt mit Krabbenfleisch schmeckt die Suppe auch mit Croûtons lecker, z. B. aus Grau- oder Schwarzbrot.

Feine Erbsencreme

ZUTATEN FÜR 4 PERSONEN

- ♥ 1 Zwiebel
- ♥ 1 EL Öl
- ♥ 600 g TK-Erbsen
- ♥ 2–3 TL Gemüsebrühe (instant)
- ♥ 100 g Zuckerschoten ♥ Salz
- ♥ 3 Stiele Kerbel
- ♥ 5 EL + 100 g Schlagsahne
- ♥ etwas Zitronensaft ♥ Pfeffer ♥ Zucker
- ♥ 4 Grissinistangen
  (italienisches Weizengebäck)
- ♥ 4 dünne Scheiben Serranoschinken

1 Zwiebel schälen, würfeln. Im heißen Öl glasig dünsten. Gefrorene Erbsen zufügen. Mit 1 l Wasser ablöschen, aufkochen. Brühe einrühren und zugedeckt ca. 10 Minuten köcheln.

2 Inzwischen Zuckerschoten putzen, waschen und in Streifen schneiden. In wenig kochendem Salzwasser zugedeckt 2–3 Minuten dünsten. Abgießen. Kerbel waschen, Blättchen abzupfen. Suppe pürieren und mit 5 EL Sahne verfeinern. Mit Zitronensaft, Salz, Pfeffer und etwas Zucker abschmecken. Kerbel einrühren.

3 Grissinistangen jeweils mit 1 Scheibe Schinken umwickeln. 100 g Sahne halbsteif schlagen. Suppe mit Zuckerschoten und Sahne anrichten. Schinkengrissini dazu reichen.

ZUBEREITUNGSZEIT ca. 30 Min.
PORTION ca. 320 kcal
E 13 g · F 16 g · KH 29 g

NOCH SCHNELLER

Statt der Sahne können Sie auch 1 Becher (150 g) Crème fraîche für die Suppe nehmen. Hälfte einrühren und Suppe mit dem Rest anrichten.

Möhrensuppe mit Hähnchenspießen

ZUTATEN FÜR 4 PERSONEN

- ♥ 500 g Möhren
- ♥ 1 große Kartoffel
- ♥ 1 Zwiebel
- ♥ 1 Stück (ca. 3 cm) Ingwer
- ♥ 4 Stiele Basilikum
- ♥ 4 EL Butter ♥ 1 TL Curry
- ♥ 150 ml Orangensaft
- ♥ 2 Hähnchenfilets (ca. 300 g)
- ♥ Salz ♥ Pfeffer
- ♥ 100 g Crème fraîche
- ♥ ca. 2 EL Balsamicocreme (Flasche)
- ♥ 8 Holzspieße

1 Möhren und Kartoffel schälen, waschen und in Stücke schneiden. Zwiebel und Ingwer schälen, fein hacken. Basilikum waschen, Blättchen abzupfen und in feine Streifen schneiden.

2 2 EL Butter erhitzen. Möhren, Kartoffel, Zwiebel und Ingwer darin andünsten. Curry darüberstäuben und mit anschwitzen. Orangensaft und 1 l Wasser angießen, aufkochen. Zugedeckt ca. 15 Minuten köcheln.

3 Inzwischen Fleisch waschen, trocken tupfen, würfeln und auf Spieße stecken. Spieße in 2 EL heißer Butter rundherum ca. 6 Minuten braten. Mit Salz und Pfeffer würzen.

4 Basilikum in die Suppe rühren und alles mit dem Stabmixer pürieren. Crème fraîche in die Suppe rühren und mit Salz und Pfeffer abschmecken. Mit Balsamicocreme anrichten. Die Hähnchenspieße dazu reichen.

ZUBEREITUNGSZEIT ca. 30 Min.
PORTION ca. 290 kcal
E 19 g · F 17 g · KH 15 g

STATT SPIESSEN

Noch schneller geht's, wenn Sie das Hähnchenfilet einfach würfeln und im heißen Öl knusprig braten. Dann würzen und später in der Suppe erhitzen.

Orientalische Linsen-Blumenkohl-Pfanne

ZUTATEN FÜR 4 PERSONEN
- ♥ 1 Blumenkohl
- ♥ 2 große Möhren
- ♥ 75 g getrocknete entsteinte Datteln oder Rosinen
- ♥ 2 EL Öl
- ♥ Salz ♥ Pfeffer
- ♥ 200 g rote Linsen
- ♥ 1–2 TL Curry
- ♥ 3 Stiele Koriander oder Petersilie
- ♥ 200 g griechischer Sahnejoghurt
- ♥ 1 TL Speisestärke

1 Blumenkohl putzen, waschen und in kleine Röschen teilen. Möhren schälen, waschen, längs halbieren und in Stücke schneiden. Datteln in Scheiben schneiden.

2 Öl in einer großen hohen Pfanne (mit Deckel) erhitzen. Blumenkohl und Möhren darin anbraten. Mit Salz und Pfeffer würzen. Linsen und Datteln zufügen und kurz mit andünsten. Curry darüberstäuben und anschwitzen. ½ l Wasser zugießen, aufkochen und zugedeckt ca. 10 Minuten köcheln. Ab und zu umrühren.

3 Koriander waschen, trocken schütteln und Blättchen abzupfen. 150 g Joghurt und Stärke glatt rühren. Unter die Linsen rühren und unter Rühren kurz (!) aufkochen. Mit Salz, Pfeffer und etwas Curry abschmecken. Koriander einrühren. Blumenkohlcurry mit Rest Joghurt anrichten. Dazu schmeckt indisches Fladenbrot.

ZUBEREITUNGSZEIT ca. 30 Min.
PORTION ca. 380 kcal
E 19 g · F 11 g · KH 48 g

FIXE LINSEN
Rote Linsen sind ideal für die schnelle Küche! Sie sind bereits geschält und haben eine kurze Garzeit von nur ca. 8 Minuten – dabei werden sie weich und gelblich. Auch sehr lecker in Salaten, Suppen und als Püree.

Frischkäse-Blätter-teigtaschen mit Salat

ZUTATEN FÜR 4 PERSONEN

- ♥ 3 Stiele Petersilie
- ♥ 1 rote Paprikaschote
- ♥ 3 Lauchzwiebeln
- ♥ 150 g Ziegenfrischkäse
- ♥ Salz ♥ Pfeffer
- ♥ 1 Packung (270 g) frischer Blätterteig (Kühlregal)
- ♥ 1 Eigelb (Gr. M) ♥ 4 EL Milch
- ♥ 1 Radicchio
- ♥ 100 g Feldsalat
- ♥ 2 EL Salatmayonnaise
- ♥ 3 EL Vollmilchjoghurt
- ♥ 1–2 TL Worcestersoße ♥ Zucker
- ♥ Backpapier

1 Backofen vorheizen (E-Herd: 200 °C/ Umluft: 175 °C/Gas: s. Hersteller). Petersilie waschen und hacken. Paprika und Lauchzwiebeln putzen, waschen. Paprika fein würfeln, Lauchzwiebeln in Ringe schneiden. Beides mit Petersilie und Frischkäse verrühren. Mit Salz und Pfeffer würzen.

2 Blätterteig entrollen und in 8 Quadrate (à ca. 10 x 10 cm) schneiden. Je 1–2 TL Frischkäsemasse in die Mitte setzen und jedes Quadrat zum Dreieck zusammenklappen, die Ränder mit einer Gabel andrücken. Auf ein mit Backpapier belegtes Backblech legen. Eigelb und 2 EL Milch verquirlen und die Taschen damit bestreichen. Im heißen Ofen 13–15 Minuten backen.

3 Inzwischen Radicchio und Feldsalat putzen, waschen und kleiner zupfen. Mayonnaise, Joghurt und 2 EL Milch verrühren. Mit Worcestersoße, Salz, Pfeffer und 1 Prise Zucker abschmecken. Salat und Soße mischen und mit den Teigtaschen anrichten.

ZUBEREITUNGSZEIT ca. 30 Min.
PORTION ca. 470 kcal
E 12 g · F 29 g · KH 37 g

Mediterrane Röstgemüsepfanne

ZUTATEN FÜR 4 PERSONEN

- ♥ 3 Paprikaschoten (z. B. grün, gelb und rot)
- ♥ 2 Zucchini ♥ 3 mittelgroße Tomaten
- ♥ 500 g Champignons
- ♥ 1 Zwiebel ♥ 1 Knoblauchzehe
- ♥ 2–3 Zweige Rosmarin
- ♥ 6 Stiele Thymian
- ♥ 3 EL Olivenöl
- ♥ Salz (z. B. grobes) ♥ Pfeffer
- ♥ 75 g schwarze Oliven

1 Paprika, Zucchini und Tomaten putzen, waschen und in Stücke schneiden. Pilze putzen, waschen und halbieren. Zwiebel und Knoblauch schälen, grob hacken. Rosmarin und Thymian waschen. Nadeln bzw. Blättchen abzupfen und hacken.

2 Öl portionsweise in einer großen Pfanne erhitzen. Zuerst Pilze darin scharf anbraten. Mit Salz und Pfeffer würzen und herausnehmen. Paprika, Zucchini, Zwiebel und Knoblauch im heißen Öl ca. 5 Minuten anbraten. Tomaten und Kräuter zugeben und weitere 3–4 Minuten braten. Alles mit Salz und Pfeffer kräftig würzen.

3 Zum Schluss Pilze und Oliven zufügen. Gemüsepfanne nochmals mit Salz und Pfeffer abschmecken, anrichten. Dazu schmeckt Baguette und eine schnelle Thymian-Knoblauchcreme (s. Rezept unten).

ZUBEREITUNGSZEIT ca. 30 Min.
PORTION ca. 160 kcal
E 7 g · F 11 g · KH 8 g

THYMIAN-KNOBLAUCHCREME
*Für 4 Personen: **2 geschälte Knoblauchzehen** und **2 EL Thymianblättchen** fein hacken. Mit **200 g Schmand, 150 g Joghurt** und **2 EL Salatmayonnaise** verrühren. Mit **Salz** und **Pfeffer** abschmecken.*

Spaghetti mit rotem Macadamiapesto

ZUTATEN FÜR 4 PERSONEN

- ♥ Salz
- ♥ 1 Glas (340 g) getrocknete Tomaten in Öl
- ♥ 2–3 Knoblauchzehen
- ♥ 100 g Parmesan (Stück)
- ♥ 75 g gesalzene Macadamianüsse
- ♥ 400 g Spaghetti
- ♥ 8 Stiele Thymian
- ♥ Pfeffer ♥ Edelsüßpaprika

1 Reichlich Salzwasser aufkochen. Tomaten abgießen, abtropfen lassen, dabei das Öl auffangen. Knoblauch schälen und würfeln. Parmesan grob reiben, Tomaten würfeln. Nüsse grob hacken.

2 Nudeln im kochenden Salzwasser nach Packungsanweisung garen. Inzwischen Thymian waschen, Blättchen abzupfen. Nüsse, Parmesan, Tomaten, Knoblauch und 8–10 EL Tomatenöl in einem hohen Rührbecher pürieren.

3 Pesto mit Pfeffer, Edelsüßpaprika und wenig Salz abschmecken. Gut ¼ l vom Nudelwasser abschöpfen. Nudeln abtropfen lassen und zurück in den Topf geben.

4 Ca. ¾ Pesto, das abgeschöpfte Nudelwasser und ¾ Thymian unter die Nudeln mischen. Auf Tellern anrichten, mit Rest Thymian garnieren. Übriges Pesto dazu reichen.

ZUBEREITUNGSZEIT ca. 30 Min.
PORTION ca. 840 kcal
E 24 g · F 44 g · KH 82 g

EINFACH UNVERZICHTBAR
Für die schnelle Küche ist ein Stabmixer ein absolutes Muss. Die Zutaten fürs Pesto einfach grob zerkleinern und dann mit dem Mixer ruck, zuck fein pürieren.

Eierragout mit Brokkoli

ZUTATEN FÜR 4 PERSONEN
- 500 g Brokkoli
- 3 Möhren
- 400 g Champignons
- 1 Zwiebel
- 8 Stiele Kerbel
- 6–8 Eier (Gr. M)
- Salz ♥ 2 EL Öl
- Pfeffer ♥ Muskat
- 50 g Butter
- 3 EL (ca. 50 g) Mehl
- 400 ml Milch

1 Brokkoli putzen, waschen und in Röschen schneiden. Möhren schälen, waschen und in Scheiben schneiden. Pilze putzen, waschen und halbieren. Zwiebel schälen und fein würfeln. Kerbel waschen, Blättchen abzupfen.

2 Eier hart kochen und abschrecken. Möhren in ½ l kochendem Salzwasser ca. 7 Minuten garen. Brokkoli zugeben und ca. 4 Minuten mitgaren.

3 Inzwischen Öl in einem Topf erhitzen. Pilze darin goldbraun anbraten. Mit Salz und Pfeffer würzen. Herausnehmen. Gemüse abgießen, Fond dabei auffangen.

4 Butter im Topf erhitzen. Zwiebel darin andünsten. Mehl darüberstäuben und hell anschwitzen. Milch und Gemüsefond einrühren, aufkochen. Soße ca. 3 Minuten köcheln. Mit Salz, Pfeffer und Muskat abschmecken. Kerbel einrühren. Eier schälen und halbieren. Mit Brokkoli, Möhren und Pilzen in der Soße erhitzen. Dazu schmeckt Reis oder Kartoffeln.

ZUBEREITUNGSZEIT ca. 30 Min.
PORTION ca. 420 kcal
E 22 g · F 27 g · KH 20 g

Zwiebelkuchen mit Ziegenkäse

ZUTATEN FÜR 8 STÜCKE

- ♥ 1 Rolle (400 g) frischer Pizzateig (Kühlregal)
- ♥ 4 Stiele Thymian
- ♥ 150 g Crème fraîche
- ♥ Salz ♥ Pfeffer
- ♥ 3 rote Zwiebeln
- ♥ 100 g Ziegenfrischkäse (z. B. mit Ascherand)
- ♥ Backpapier

1 Backofen vorheizen (E-Herd: 250 °C/ Umluft: 225 °C/Gas: s. Hersteller). Ein Backblech mit Backpapier auslegen. Pizzateig entrollen und auf dem Backblech noch etwas dünner ausrollen.

2 Thymian waschen, Blättchen abzupfen. Crème fraîche mit Salz und Pfeffer würzen. Zwiebeln schälen und in dünne Ringe hobeln.

3 Pizzateig mit Crème fraîche bestreichen, dabei einen kleinen Rand frei lassen. Zwiebelringe, Ziegenkäse in Flöckchen und Thymian darauf verteilen. Zwiebelkuchen im heißen Ofen ca. 12 Minuten backen.

ZUBEREITUNGSZEIT ca. 30 Min.
STÜCK ca. 220 kcal
E 6 g · F 9 g · KH 27 g

Curry-Gemüsesuppe

ZUTATEN FÜR 4 PERSONEN

- ♥ 1 Zwiebel
- ♥ 1 großes Bund Suppengrün
- ♥ 1 Kohlrabi
- ♥ 2 EL Öl
- ♥ Salz ♥ Pfeffer
- ♥ 1 TL Curry
- ♥ 2 EL Gemüsebrühe (instant)
- ♥ 1 Lorbeerblatt

1 Zwiebel schälen und fein würfeln. Vom Suppengrün Sellerie und Möhren schälen, waschen und fein würfeln. Porree putzen, waschen und in feine Ringe schneiden. Kohlrabi schälen, waschen und fein würfeln.

2 Öl in einem Topf erhitzen. Zwiebel darin glasig dünsten. Übriges Gemüse zufügen und ca. 3 Minuten mitdünsten. Mit Salz und Pfeffer würzen. Curry darüberstäuben und anschwitzen. Mit 1 l Wasser ablöschen und aufkochen. Brühe und Lorbeer zufügen. Zugedeckt ca. 15 Minuten köcheln.

3 Suppe mit Salz und Pfeffer abschmecken. Lorbeer entfernen. Suppe anrichten. Dazu schmeckt frisches Baguette.

ZUBEREITUNGSZEIT ca. 30 Min.
PORTION ca. 90 kcal
E 3 g · F 5 g · KH 8 g

ALS HAUPTGERICHT

Wenn Sie die Suppe als sättigende Hauptmahlzeit servieren möchten, dann kochen Sie zusätzlich noch 2–3 gewürfelte Kartoffeln oder 3–4 EL Suppennudeln darin mit.

Blitz-Risotto mit Kräuterseitlingen

ZUTATEN FÜR 3 PERSONEN
- ♥ 10 g getrocknete Steinpilze
- ♥ 100 ml trockener Weißwein
- ♥ 2 TL Gemüsebrühe (instant)
- ♥ 1 Bund Lauchzwiebeln
- ♥ 3 EL Butter
- ♥ 250 g 10-Minuten-Reis
- ♥ 250 g Kräuterseitlinge
- ♥ 1 EL Öl ♥ Salz ♥ Pfeffer
- ♥ 50 g Parmesan (Stück)

1 Getrocknete Pilze im Wein einweichen. Brühe in 400 ml heißem Wasser auflösen. Lauchzwiebeln putzen, waschen und in feine Ringe schneiden.

2 2 EL Butter in einem Topf erhitzen. ²⁄₃ Lauchzwiebeln und Reis darin andünsten. Mit Wein-Pilz-Mischung ablöschen und heiße Brühe nach und nach einrühren. Bei mittlerer Hitze ca. 12 Minuten köcheln, bis die gesamte Flüssigkeit aufgenommen wurde.

3 Inzwischen Kräuterseitlinge putzen, waschen und gut abtropfen lassen. Große Pilze halbieren. Öl in einer Pfanne erhitzen. Pilze darin 3–4 Minuten kräftig anbraten. Übrige Lauchzwiebeln zufügen und ca. 1 Minute mitbraten.

4 Parmesan mit einem Sparschäler in Späne hobeln oder reiben. Hälfte Parmesan, 1 EL Butter und Pilze unter den Risotto rühren, abschmecken. Anrichten und Rest Parmesan darüberstreuen.

ZUBEREITUNGSZEIT ca. 30 Min.
PORTION ca. 530 kcal
E 16 g · F 18 g · KH 68 g

EINKAUFSTIPP

Steinpilze gibt es auch als „Pilzbruch" in kleinen Tüten abgepackt. Die sind günstiger und schmecken genauso gut. Sie können aber auch getrocknete Mischpilze nehmen.

Nusstofu auf winterlichem Salat

ZUTATEN FÜR 4 PERSONEN

♥ 1 TL flüssiger Honig
♥ 6 EL Apfelsaft ♥ 2 EL Essig
♥ Salz ♥ Pfeffer
♥ 5 EL Öl
♥ 125 g Feldsalat
♥ 2 Chicorée
♥ 2 Rote Beten (ca. 250 g)
♥ 1 säuerlicher Apfel
♥ 75 g Haselnusskerne ♥ 1 Ei (Gr. M)
♥ 300 g Tofu
♥ 2–3 EL dunkles Weizenmehl (Type 1050)

1 Für die Marinade Honig, Apfelsaft, Essig, Salz und Pfeffer verrühren. 2 EL Öl kräftig darunterschlagen.

2 Feldsalat und Chicorée putzen und waschen. Chicorée in grobe Streifen schneiden. Rote Beten schälen und in Streifen schneiden (Vorsicht, färben stark! Einmalhandschuhe tragen). Apfel waschen, vierteln, entkernen und in feine Stifte schneiden. Vorbereitete Salatzutaten mit der Marinade mischen, etwas ziehen lassen.

3 Haselnüsse hacken. Ei verquirlen. Tofu in ca. 8 Scheiben schneiden. Mit Salz und Pfeffer würzen. Erst in Mehl, dann in Ei und zuletzt in den Nüssen wenden, andrücken. 3 EL Öl in einer beschichteten Pfanne erhitzen. Tofu darin pro Seite 2–3 Minuten braten. Alles anrichten.

ZUBEREITUNGSZEIT ca. 30 Min.
PORTION ca. 390 kcal
E 13 g · F 27 g · KH 20 g

NACH SAISON VARIIERT

Sie möchten den Salat im Sommer zubereiten? Dann machen Sie eine Mischung aus Blattsalat wie z. B. Rucola, Radieschen, Kischtomaten und Salatgurke. Wenn Sie es fruchtig mögen, nehmen Sie statt der Radieschen frische Aprikosen.

Bratfisch auf Rahmgemüse

ZUTATEN FÜR 4 PERSONEN

- ♥ 750 g Kartoffeln ♥ Salz
- ♥ 1 rote Paprikaschote
- ♥ 2–3 Zucchini (ca. 600 g)
- ♥ 1 Zwiebel
- ♥ 4 EL Öl
- ♥ 4 EL Mehl
- ♥ 200 g Schlagsahne
- ♥ 1 TL Gemüsebrühe (instant)
- ♥ 4 Stiele Dill
- ♥ 500 g Fischfilet (z. B. Seelachs)
- ♥ Pfeffer ♥ Zucker
- ♥ einige Spritzer Zitronensaft
- ♥ 4 Stiele Petersilie

1 Kartoffeln schälen, waschen und in Salzwasser ca. 20 Minuten kochen. Paprika putzen, waschen und würfeln. Zucchini putzen, waschen, in Scheiben schneiden. Zwiebel schälen und fein hacken.

2 2 EL Öl erhitzen. Zucchini, Paprika und Zwiebel darin anbraten. 1½ EL Mehl darüberstäuben, hell anschwitzen. ¼ l Wasser und Sahne einrühren, aufkochen. Brühe einrühren und zugedeckt ca. 5 Minuten köcheln.

3 Dill waschen und fein schneiden. Fisch waschen, trocken tupfen und in 8 Stücke schneiden. Mit Salz und Pfeffer würzen. Im Rest Mehl wenden. Gemüse mit Zitronensaft, Salz, Pfeffer, Zucker und Dill würzen.

4 2 EL Öl erhitzen. Fisch darin ca. 5 Minuten braten. Petersilie waschen, Blättchen hacken. Kartoffeln abgießen, mit Petersilie bestreuen. Alles anrichten.

ZUBEREITUNGSZEIT ca. 30 Min.
PORTION ca. 550 kcal
E 31 g · F 28 g · KH 40 g

Lachs in Senfrahm mit Chicorée

ZUTATEN FÜR 4 PERSONEN
- ♥ 200 g Langkornreis ♥ Salz
- ♥ 1 Zwiebel
- ♥ 2 große Tomaten
- ♥ 4 Chicorée (à ca. 225 g)
- ♥ 500 g Lachsfilet
- ♥ 3 EL Öl ♥ Pfeffer
- ♥ 150 g Crème fraîche
- ♥ 1 TL Gemüsebrühe (instant)
- ♥ 2 TL körniger Senf
- ♥ 2–3 TL heller Soßenbinder
- ♥ 4 Stiele Petersilie

1 Reis in kochendem Salzwasser nach Packungsanweisung garen. Zwiebel schälen und in Streifen schneiden. Tomaten waschen, entkernen und würfeln. Chicorée putzen, waschen und längs halbieren. Strunk keilförmig herausschneiden. Lachs waschen und in Würfel schneiden.

2 Lachs in 1 EL heißem Öl anbraten. Mit Salz und Pfeffer würzen, herausnehmen. 1 EL Öl im Bratfett erhitzen. Chicorée darin von beiden Seiten anbraten. Mit Salz und Pfeffer würzen. 100 ml Wasser angießen und zugedeckt ca. 3 Minuten dünsten.

3 1 EL Öl erhitzen. Zwiebel und Tomaten darin andünsten. ¼ l Wasser und Crème fraîche einrühren, aufkochen. Brühe und Senf einrühren, ca. 1 Minute köcheln. Soße mit Soßenbinder binden, abschmecken. Lachs darin erhitzen.

4 Petersilie waschen, Blättchen fein hacken. Hälfte Petersilie unter die Soße mischen. Reis evtl. abgießen und mit Rest Petersilie bestreuen. Chicorée mit Lachs und Reis anrichten.

ZUBEREITUNGSZEIT ca. 30 Min.
PORTION ca. 680 kcal
E 33 g · F 37 g · KH 50 g

Matjescocktail mit Kartoffelpuffer

ZUTATEN FÜR 4 PERSONEN

- ♥ 1 Packung (10 Stück; 600 g) TK-Kartoffelpuffer für den Backofen
- ♥ 4 Matjesfilets (ca. 300 g)
- ♥ ½ Salatgurke
- ♥ 1 Bund Radieschen
- ♥ 3 Lauchzwiebeln
- ♥ 300 g Sahnejoghurt
- ♥ 150 g saure Sahne
- ♥ Salz ♥ Pfeffer ♥ Zucker
- ♥ 3 Stiele Dill
- ♥ Backpapier

1 Backofen vorheizen (E-Herd: 225 °C/ Umluft: 200 °C/Gas: s. Hersteller). Rost oder Backblech mit Backpapier auslegen und Puffer darauf verteilen. Im heißen Ofen ca. 15 Minuten backen, nach ca. 8 Minuten wenden.

2 Matjes abspülen, trocken tupfen und in Stücke schneiden. Gurke waschen, evtl. schälen. Radieschen und Lauchzwiebeln putzen und waschen. Alles klein schneiden.

3 Joghurt und saure Sahne verrühren. Mit Salz, Pfeffer und 1 Prise Zucker abschmecken. Dill waschen und fein schneiden. Mit Gemüse und Matjes unterheben. Nochmals abschmecken und mit den Rösti anrichten.

ZUBEREITUNGSZEIT ca. 30 Min.
PORTION ca. 510 kcal
E 21 g · F 28 g · KH 39 g

SCHNELL & PRAKTISCH
Tiefgefrorene Kartoffelpuffer einfach nebeneinander auf Backpapier legen und im heißen Ofen fertig backen. Sie können auch TK-Rösti-ecken oder -taler zu dem Matjescocktail aufbacken.

Knusperlachs mit Selleriepüree

ZUTATEN FÜR 4 PERSONEN

- ♥ 750 g Knollensellerie
- ♥ 1 große Kartoffel ♥ Salz
- ♥ 1 Zwiebel
- ♥ 600 g Lachsfilet
- ♥ 2 Eier ♥ Pfeffer
- ♥ 100 g Haferflocken
- ♥ 2 EL Öl
- ♥ 3 Stiele Petersilie
- ♥ 200 ml Milch
- ♥ 2 EL Butter ♥ Muskat
- ♥ Bio-Zitrone zum Garnieren

1 Sellerie und Kartoffel schälen, waschen und in grobe Stücke schneiden. Zugedeckt in Salzwasser ca. 20 Minuten kochen.

2 Zwiebel schälen und in dünne Ringe schneiden. Lachs waschen, trocken tupfen und in ca. 3 cm breite Streifen schneiden.

3 Eier verquirlen und mit wenig Salz und Pfeffer würzen. Lachs erst im Ei und dann in Haferflocken wenden. Panade gut andrücken.

4 Öl in einer großen beschichteten Pfanne erhitzen. Zwiebel darin goldbraun braten, herausnehmen. Lachs im heißen Bratfett pro Seite ca. 3 Minuten knusprig braten.

5 Petersilie waschen und Blättchen hacken. Sellerie abgießen. Milch und Butter zufügen und alles fein zerstampfen. Mit Salz, Pfeffer und Muskat abschmecken. Petersilie unterrühren. Lachs mit Püree und Röstzwiebeln anrichten, mit Zitrone garnieren.

ZUBEREITUNGSZEIT ca. 30 Min.
PORTION ca. 600 kcal
E 41 g · F 37 g · KH 25 g

Mediterraner Tomatenfisch

ZUTATEN FÜR 4 PERSONEN
- ♥ 750 g Kartoffeln ♥ Salz
- ♥ 1 kg reife Tomaten
- ♥ 1 Bund Lauchzwiebeln
- ♥ 4 Stiele Basilikum
- ♥ 2 EL Olivenöl ♥ Pfeffer ♥ Zucker
- ♥ 3 EL Tomatenmark
- ♥ 600 g Fischfilet (z. B. Seelachs)

1 Kartoffeln schälen, waschen und zugedeckt in Salzwasser ca. 20 Minuten kochen. Tomaten waschen und klein schneiden. Lauchzwiebeln putzen, waschen und in dünne Ringe schneiden. Basilikum waschen, trocken schütteln und die Blättchen in Streifen schneiden.

2 Öl in einem weiten Topf erhitzen. Tomaten darin andünsten. Mit Salz, Pfeffer und etwas Zucker würzen. Tomatenmark, 5 EL Wasser, Lauchzwiebeln und Basilikum einrühren, aufkochen. Nochmals abschmecken.

3 Fisch waschen, trocken tupfen und in 4 Stücke schneiden. Mit Salz und Pfeffer würzen. Fisch auf das Tomatenragout legen und zugedeckt bei mittlerer Hitze ca. 8 Minuten dünsten. Kartoffeln abgießen und mit dem Tomatenfisch anrichten.

ZUBEREITUNGSZEIT ca. 30 Min.
PORTION ca. 340 kcal
E 34 g · F 7 g · KH 33 g

Lachsfrikadellen mit Wasabipüree

ZUTATEN FÜR 4 PERSONEN
- ♥ 1 Zwiebel
- ♥ 1 große Salatgurke
- ♥ 3–4 Stiele Dill
- ♥ 150 g Joghurt
- ♥ 4 EL Zitronensaft
- ♥ Salz ♥ Pfeffer
- ♥ Zucker
- ♥ 500 g Lachsfilet (ohne Haut)
- ♥ 3–4 EL Semmelbrösel
- ♥ 2 EL Öl
- ♥ 1 EL Butter
- ♥ 150 ml Milch
- ♥ 1 Beutel (3 Portionen) Kartoffelpüreeflocken
- ♥ 1–2 TL Wasabipaste (japanischer grüner Meerrettich; Tube)

1 Für den Salat Zwiebel schälen und fein würfeln. Gurke putzen, waschen, in Scheiben hobeln. Dill waschen, trocken schütteln und fein schneiden. Joghurt, 2 EL Zitronensaft, Hälfte Zwiebel und Hälfte Dill verrühren. Mit Salz, Pfeffer und 1 Prise Zucker abschmecken. Dressing und Gurke mischen.

2 Für die Frikadellen Fisch waschen, trocken tupfen und in Stücke schneiden. Mit Semmelbröseln, Rest Zwiebel und 2 EL Zitronensaft mit dem Stabmixer kurz pürieren. Rest Dill unterrühren. Mit Salz und Pfeffer würzen. Aus der Masse ca. 8 Frikadellen formen.

3 Öl in einer beschichteten Pfanne erhitzen. Frikadellen darin bei schwacher bis mittlerer Hitze von jeder Seite ca. 3 Minuten braten.

4 Für das Püree 350 ml Wasser, Butter und ½ TL Salz aufkochen. Vom Herd nehmen und Milch zugießen. Püreeflocken einrühren, ca. 1 Minute ruhen lassen. Nochmals durchrühren und mit Wasabi abschmecken. Mit Frikadellen und Salat anrichten.

ZUBEREITUNGSZEIT ca. 30 Min.
PORTION ca. 420 kcal
E 29 g · F 28 g · KH 12 g

KÜCHENTIPP

Fischfrikadellen kann man ohne Ei machen, denn das Eiweiß im Fisch bindet. Klappt aber nur, wenn es bei der Vorbereitung (Pürieren) nicht zu warm wird, sonst hält die Masse nicht mehr zusammen.

Rotes Fischcurry mit Basmatireis

ZUTATEN FÜR 4 PERSONEN

- ♥ 200 g Basmatireis ♥ Salz
- ♥ 500 g Brokkoli
- ♥ 3 mittelgroße Möhren
- ♥ 1 Zwiebel
- ♥ 600 g Fischfilet (z. B. Lengfisch)
- ♥ 2 EL Öl
- ♥ 1 TL rote Currypaste (Glas)
- ♥ 1 Dose (400 ml) ungesüßte Kokosmilch
- ♥ 1 TL Gemüsebrühe (instant)
- ♥ 2–3 EL Sojasoße
- ♥ Pfeffer

1 Reis in kochendem Salzwasser nach Packungsanweisung garen. Gemüse putzen bzw. schälen, waschen und klein schneiden. Zwiebel schälen und fein würfeln. Fisch waschen, trocken tupfen und würfeln.

2 Öl in einem Topf erhitzen. Zwiebel und Möhren darin andünsten. Currypaste zufügen und kurz anschwitzen. Kokosmilch und ⅛ l Wasser zugießen, aufkochen und Brühe einrühren. Brokkoli hineingeben und zugedeckt ca. 5 Minuten köcheln.

3 Soße mit Sojasoße und Pfeffer abschmecken. Fisch auf dem Curry verteilen und zugedeckt 5–7 Minuten garen. Reis und Fischcurry anrichten.

ZUBEREITUNGSZEIT ca. 25 Min.
PORTION ca. 580 kcal
E 36 g · F 24 g · KH 50 g

ALLES IN EINEM TOPF
Zuerst den Brokkoli auf der Soße garen, dann die Fischstücke darauf verteilen und ebenfalls gar ziehen lassen.

Teriyakilachs mit Gurkensalat

ZUTATEN FÜR 4 PERSONEN

- ♥ 600 g Lachsfilet ohne Haut
- ♥ 6 EL Teriyakisoße
- ♥ 2 Salatgurken
- ♥ Salz
- ♥ 1 Bund Schnittlauch
- ♥ ca. 50 g frischer oder 1–2 TL geriebener Meerrettich (Glas)
- ♥ 3 EL weißer Balsamico-Essig
- ♥ 3–4 EL Öl
- ♥ evtl. 1 Msp. zerstoßener Chili

1 Lachsfilet waschen, trocken tupfen und in 8 Stücke schneiden. Mit Teriyaki-soße beträufeln und zugedeckt ca. 10 Minuten kalt stellen.

2 Gurken waschen, schälen und in dünne Scheiben hobeln oder schneiden. Mit 1 TL Salz mischen und etwas ziehen lassen. Schnittlauch waschen, in feine Röllchen schneiden.

3 Frischen Meerrettich schälen und fein reiben. Sofort mit Essig und Schnittlauch verrühren. 2–3 EL Öl darunter-

schlagen. Gurken evtl. mit den Händen ausdrücken und mit der Meerrettich-vinaigrette mischen. Kurz ziehen lassen.

4 1 EL Öl in einer großen beschichteten Pfanne erhitzen. Lachsstücke darin von jeder Seite ca. 2 Minuten anbraten.

5 Gurkensalat nochmals mit wenig Salz abschmecken. Evtl. mit Chili be-streuen und mit dem Lachs anrichten.

ZUBEREITUNGSZEIT ca. 30 Min.
PORTION ca. 390 kcal
E 32 g · F 26 g · KH 5 g

Schneller Pannfisch mit Senfsoße

ZUTATEN FÜR 3 PERSONEN

- ♥ 4 Kartoffeln (ca. 500 g)
- ♥ 4 EL Öl
- ♥ 1 Bund Lauchzwiebeln
- ♥ 400 g Fischfilet (z. B. Seelachs)
- ♥ Salz ♥ 3 EL Mehl
- ♥ 50 g durchwachsener Speck in Streifen
- ♥ Pfeffer
- ♥ 100 g Schlagsahne
- ♥ 1 TL Gemüsebrühe (instant)
- ♥ 2 EL mittelscharfer Senf

1 Kartoffeln schälen, waschen und in Scheiben schneiden. 2 EL Öl in einer Pfanne erhitzen. Kartoffeln darin zunächst zugedeckt ca. 10 Minuten braten und dabei öfter wenden.

2 Lauchzwiebeln putzen, waschen und in Stücke schneiden. Fisch waschen, trocken tupfen und in Stücke schneiden. Fisch salzen und in 2 EL Mehl wenden. In 2 EL heißem Öl in einer zweiten Pfanne ca. 5 Minuten braten.

3 Speck und Lauchzwiebeln zu den Kartoffeln geben und 10 Minuten offen weiterbraten. Mit Salz und Pfeffer würzen. Fisch auf den Kartoffeln verteilen und kurz mitbraten.

4 1 EL Mehl im Bratfett der Fischpfanne anschwitzen. ¼ l Wasser und Sahne einrühren und ca. 5 Minuten köcheln. Brühe und Senf einrühren. Soße abschmecken. Alles anrichten.

ZUBEREITUNGSZEIT ca. 30 Min.
PORTION ca. 610 kcal
E 34 g · F 36 g · KH 34 g

SENF

Putensteaks mit Tomaten-Pilz-Sugo

ZUTATEN FÜR 3 PERSONEN

- ♥ Salz
- ♥ 1 Zwiebel
- ♥ 250 g Champignons
- ♥ 6 kleine Putensteaks (ca. 500 g)
- ♥ 2 EL Öl ♥ Pfeffer
- ♥ 300 g feine Bandnudeln
- ♥ 1 Dose (425 ml) stückige Tomaten
- ♥ 20 g gemischte TK-Kräuter

1 Für die Nudeln reichlich Salzwasser aufkochen. Zwiebel schälen und fein würfeln. Pilze putzen, waschen und halbieren. Putensteaks waschen und trocken tupfen.

2 Öl in einer Pfanne erhitzen. Fleisch darin pro Seite ca. 3 Minuten braten. Mit Salz und Pfeffer würzen, herausnehmen.

3 Inzwischen Nudeln im kochenden Salzwasser nach Packungsanweisung garen. Pilze und Zwiebel im heißen Bratfett kräftig braten. Tomaten und Kräuter zufügen, aufkochen. Mit Salz und Pfeffer abschmecken. Soße ca. 5 Minuten köcheln.

4 Putensteaks in der Soße ca. 2 Minuten erhitzen. Nudeln abgießen und anrichten.

ZUBEREITUNGSZEIT ca. 25 Min.
PORTION ca. 660 kcal
E 53 g · F 11 g · KH 83 g

Fertig in
25
Minuten

Minutensteaks mit Balsamicolinsen

ZUTATEN FÜR 4 PERSONEN

- ♥ 2 Möhren
- ♥ 1 Bund Lauchzwiebeln
- ♥ 4 Stiele Thymian
- ♥ 3 EL Öl
- ♥ 250 g rote Linsen
- ♥ 1 TL klare Brühe (instant)
- ♥ 8 Minutensteaks vom Rind (à ca. 60 g)
- ♥ Salz ♥ Pfeffer
- ♥ 8 EL Balsamico-Essig ♥ Zucker

Fertig in
25
Minuten

1 Möhren schälen, waschen und in Scheiben schneiden. Lauchzwiebeln putzen, waschen und schräg in Ringe schneiden. Thymian waschen, Blättchen abzupfen.

2 1 EL Öl in einem Topf erhitzen. Lauchzwiebeln und Möhren darin andünsten. Mit ½ l Wasser ablöschen, aufkochen. Linsen und Brühe einrühren. Zugedeckt ca. 7 Minuten köcheln.

3 2 EL Öl in einer Pfanne erhitzen. Steaks darin in zwei Portionen von jeder Seite ca. 1 Minute anbraten. Thymian kurz mitbraten. Steaks würzen und herausnehmen.

4 Bratensatz mit ⅛ l Wasser und Essig ablöschen, aufkochen und ca. 3 Minuten köcheln. Linsengemüse zugeben und mit Salz, Pfeffer und etwas Zucker abschmecken. Alles anrichten. Dazu schmeckt Baguette.

ZUBEREITUNGSZEIT ca. 25 Min.
PORTION ca. 440 kcal
E 42 g · F 12 g · KH 39 g

Knusperschnitzel und Kartoffelsalat

ZUTATEN FÜR 4 PERSONEN

- ♥ 1 Zweig Rosmarin
- ♥ 100 g Tortillachips
- ♥ etwas Chilipulver
- ♥ 4 Schweineschnitzel (à ca. 150 g)
- ♥ Salz ♥ Pfeffer
- ♥ 1 Ei (Gr. M)
- ♥ ca. 3 EL Mehl
- ♥ 3 EL Butterschmalz
- ♥ 1 rote Paprikaschote
- ♥ 1 kleine Salatgurke
- ♥ 1 Bund Schnittlauch
- ♥ 500 g fertiger Kartoffelsalat
- ♥ 1 großer Gefrierbeutel

1 Rosmarin waschen, Nadeln abzupfen und hacken. Chips in den Gefrierbeutel geben und z. B. mit einer Teigrolle fein zerbröseln. Mit Rosmarin und Chili mischen. Schnitzel waschen, trocken tupfen und mit Salz und Pfeffer würzen. Ei in einem tiefen Teller verquirlen. Schnitzel nacheinander in Mehl, Ei und den Chipsbröseln wenden.

2 Butterschmalz in einer großen Pfanne erhitzen. Schnitzel darin bei mittlerer Hitze von jeder Seite 4–5 Minuten braten.

3 Inzwischen Paprika putzen, waschen und würfeln. Gurke schälen und in Scheiben hobeln. Schnittlauch waschen und in Röllchen schneiden. Kartoffelsalat mit Paprika, Gurke und Schnittlauch mischen.

4 Schnitzel evtl. auf Küchenpapier abtropfen lassen und mit dem Kartoffelsalat anrichten.

ZUBEREITUNGSZEIT ca. 25 Min.
PORTION ca. 580 kcal
E 40 g · F 26 g · KH 42 g

SCHNELL VERFEINERT

Fertige Feinkostsalate sind ideal als Beilage in der schnellen Küche. Sie lassen sich toll mit frischem Gemüse, Pesto oder Kräutern aufpeppen.

Fertig in
25
Minuten

107

Steaks zu buntem Gemüse

ZUTATEN FÜR 3 PERSONEN

- ♥ Salz ♥ Pfeffer
- ♥ 500 g TK-Gemüsemischung (z. B. mit Romanesco, Blumenkohl und Erbsen)
- ♥ 1 kleiner Zweig Rosmarin
- ♥ 3 Stiele Thymian
- ♥ 3 kleine Rindersteaks (z. B. Filetsteaks)
- ♥ 1 EL Öl
- ♥ 400 g frische Gnocchi (Kühlregal)
- ♥ evtl. Balsamicocreme (Flasche)
- ♥ Alufolie

1 Reichlich Salzwasser für die Gnocchi aufkochen. 7–8 EL Wasser, etwas Salz und gefrorenes Gemüse im Topf zugedeckt aufkochen. Bei mittlerer Hitze ca. 7 Minuten garen (s. Packungsanweisung). Zwischendurch umrühren.

2 Kräuter waschen und trocken schütteln. Steaks waschen und trocken tupfen. In einer beschichteten Pfanne im heißen Öl von jeder Seite ca. 3 Minuten braten. Kräuter kurz mitbraten.

3 Gnocchi im kochenden Salzwasser nach Packungsanweisung gar ziehen lassen. Abtropfen lassen.

4 Steaks mit Salz und Pfeffer würzen, herausnehmen und mit Alufolie abdecken. Bratensatz mit 5 EL Wasser lösen und aufkochen. Fleischsaft von den Steaks zum Bratfond gießen. Alles anrichten, mit Kräutern garnieren. Steaks mit Balsamico beträufeln.

ZUBEREITUNGSZEIT ca. 30 Min.
PORTION ca. 450 kcal
E 35 g · F 9 g · KH 55 g

Kasselersteaks mit Möhrenstampf

ZUTATEN FÜR 4 PERSONEN

- ♥ 4 dicke Möhren (ca. 500 g)
- ♥ 4 große Kartoffeln (ca. 500 g)
- ♥ 1 TL Gemüsebrühe (instant)
- ♥ 1 Zwiebel
- ♥ 2 EL Öl
- ♥ 4 Kasselerrückensteaks (ca. 500 g)
- ♥ 2 EL Butter
- ♥ Salz ♥ Pfeffer
- ♥ 3 Stiele Petersilie

1 Möhren und Kartoffeln schälen, waschen und in grobe Stücke schneiden. Zugedeckt in wenig Wasser mit Brühe ca. 20 Minuten kochen.

2 Inzwischen Zwiebel schälen und in Ringe schneiden. Öl in einer beschichteten Pfanne erhitzen. Zwiebelringe darin goldbraun braten, herausnehmen. Fleisch im heißen Bratfett von beiden Seiten ca. 8 Minuten braten.

3 Möhren und Kartoffeln, bis auf 8–10 EL Garwasser, abgießen. Alles grob zerstampfen. Butter dabei zufügen. Möhrenstampf mit Salz und Pfeffer abschmecken.

4 Petersilie waschen, die Blättchen abzupfen und fein hacken. Kasseler mit Pfeffer würzen, mit Möhrenstampf und Zwiebelringen anrichten. Mit Petersilie bestreuen.

ZUBEREITUNGSZEIT ca. 30 Min.
PORTION ca. 380 kcal
E 29 g · F 19 g · KH 21 g

LECKER AUS EINEM TOPF

Spart Zeit und lässt sich gut vorbereiten: Kasseler, Zwiebel, Möhren und Kartoffeln klein würfeln und anbraten. In ¼ l Brühe 15–20 Minuten köcheln.

Pusztaschnitzel mit Reis

ZUTATEN FÜR 4 PERSONEN

- ♥ 200 g Reis
- ♥ Salz ♥ Pfeffer
- ♥ 1 Zwiebel
- ♥ 3 Paprikaschoten (z. B. gelb und rot)
- ♥ 4 dünne Putenschnitzel (ca. 500 g)
- ♥ 2 EL Öl
- ♥ 1 Flasche (250 g) Chili- oder Zigeunersoße
- ♥ 2 Stiele Thymian

1 Reis in kochendem Salzwasser nach Packungsanweisung garen. Zwiebel schälen und in Spalten schneiden. Paprika putzen, waschen und in feine Streifen schneiden.

2 Schnitzel waschen, trocken tupfen und jeweils in 2–3 Stücke schneiden. Öl in einer beschichteten Pfanne erhitzen. Fleisch darin von jeder Seite 2–3 Minuten braten. Mit Salz und Pfeffer würzen. Herausnehmen.

3 Zwiebel im Bratfett glasig dünsten. Paprika zufügen und mitbraten. Chilisoße zugießen, aufkochen und ca.

2 Minuten köcheln. Thymian waschen, Blättchen abzupfen und in die Soße geben. Abschmecken. Fleisch kurz in der Soße erhitzen. Mit Reis anrichten.

ZUBEREITUNGSZEIT ca. 30 Min.
PORTION ca. 400 kcal
E 40 g · F 5 g · KH 45 g

Schweineschnitzel alla pizzaiola

ZUTATEN FÜR 4 PERSONEN

- ♥ 1 Zwiebel
- ♥ 2 Knoblauchzehen
- ♥ 2 Zweige Rosmarin
- ♥ 4 Schweineschnitzel (ca. 600 g)
- ♥ 4 EL Olivenöl
- ♥ Salz ♥ Pfeffer
- ♥ 2 EL Tomatenmark
- ♥ 2 Dosen (à 425 ml) stückige Tomaten
- ♥ 3 TL Kapern (Glas)
- ♥ 3–4 Sardellenfilets (Glas)
- ♥ Zucker

1 Zwiebel und Knoblauch schälen, fein würfeln. Rosmarin waschen, trocken schütteln, Nadeln abzupfen und hacken. Schnitzel waschen, trocken tupfen und quer halbieren. 2 EL Öl in einer großen Pfanne erhitzen. Schnitzel darin portionsweise von jeder Seite ca. 1 Minute kräftig anbraten. Mit Salz und Pfeffer würzen, herausnehmen.

2 2 EL Öl im Bratfett erhitzen. Zwiebel, Knoblauch und Rosmarin darin andünsten. Tomatenmark kurz mit anschwitzen. Stückige Tomaten, ca. ⅛ l Wasser und 2 TL Kapern zufügen. Aufkochen und ca. 10 Minuten einköcheln.

3 Sardellenfilets abspülen, trocken tupfen und hacken. In die Soße rühren. Mit Pfeffer, 1 Prise Zucker und wenig Salz abschmecken. Schnitzel in die Soße legen und bei schwacher Hitze

3–4 Minuten ziehen lassen. Soße nochmals abschmecken. Alles anrichten, mit übrigen Kapern garnieren. Dazu passt Ciabatta oder Gnocchi.

ZUBEREITUNGSZEIT ca. 30 Min.
PORTION ca. 370 kcal
E 37 g · F 20 g · KH 7 g

Pestosteaks zu Zitronenmöhren

ZUTATEN FÜR 4 PERSONEN
- ♥ Salz ♥ 4 Scheiben Frühstücksspeck
- ♥ 8 Minutensteaks vom Schwein (à ca. 50 g)
- ♥ Pfeffer
- ♥ 2 TL Pesto (Glas)
- ♥ 1 Bund junge Möhren ♥ Zucker
- ♥ 500 g Gnocchi (Kühlregal)
- ♥ 2 EL Öl
- ♥ 4–5 Stiele Basilikum
- ♥ 2 EL Butter
- ♥ abgeriebene Schale und 2 EL Saft von 1 Bio-Zitrone
- ♥ 8 Holzspießchen

1 Reichlich Salzwasser aufkochen. Speckscheiben halbieren. Steaks waschen und trocken tupfen. Jeweils mit Pfeffer würzen, dünn mit Pesto bestreichen und mit Speck belegen. Überklappen und feststecken.

2 Möhren putzen (s. Tipp) und waschen. In wenig kochendem Salzwasser mit 1 Prise Zucker zugedeckt ca. 12 Minuten dünsten.

3 Inzwischen Gnocchi im Salzwasser nach Packungsanweisung gar ziehen lassen. Steaks im heißen Öl pro Seite 2–3 Minuten braten.

4 Basilikum waschen, Blättchen abzupfen. Möhren abgießen. Mit Butter, Basilikum, Zitronenschale und -saft mischen. Gnocchi abgießen und alles anrichten.

ZUBEREITUNGSZEIT ca. 30 Min.
PORTION ca. 490 kcal
E 31 g · F 16 g · KH 51 g

FIX VORBEREITET
Junge Möhren braucht man nicht zu schälen, das spart Zeit. Besonders schön sieht es aus, wenn man etwas vom Grün daran lässt. Bei älteren Möhren die Schale schnell mit einem Sparschäler entfernen.

Filetsteak mit Bohnen und Champignons

ZUTATEN FÜR 4 PERSONEN

- ♥ 500 g Champignons
- ♥ 1 rote Zwiebel
- ♥ 1 Zweig Rosmarin
- ♥ 500 g TK-grüne-Bohnen
- ♥ Salz ♥ 2 EL Öl
- ♥ 4 Rinderfiletsteaks (ca. 500 g)
- ♥ Pfeffer
- ♥ ½ Ciabatta ♥ Alufolie

1 Pilze putzen, waschen und halbieren. Zwiebel schälen, in Ringe schneiden. Rosmarin waschen, Nadeln abzupfen. Gefrorene Bohnen in wenig kochendem Salzwasser ca. 10 Minuten dünsten.

2 Inzwischen 1 EL Öl in einer beschichteten Pfanne erhitzen. Filetsteaks abspülen, gut trocken tupfen und im heißen Öl von jeder Seite ca. 1 Minute kräftig anbraten. Dann bei mittlerer Hitze pro Seite 2–3 Minuten fertig braten. Mit Salz und Pfeffer würzen, herausnehmen und in Alufolie wickeln. Steaks 6–8 Minuten ruhen lassen.

3 1 EL Öl im Bratfett erhitzen. Pilze und Zwiebel darin kräftig anbraten. Mit Rosmarin, Salz und Pfeffer würzen. Bohnen abgießen, mit Salz und Pfeffer würzen. Steaks mit Bohnen, Champignons und Ciabatta anrichten.

ZUBEREITUNGSZEIT ca. 30 Min.
PORTION ca. 310 kcal
E 35 g · F 9 g · KH 22 g

Huftsteaks mit Gorgonzolapilzen

ZUTATEN FÜR 4 PERSONEN

- ♥ 500 g Champignons
- ♥ 1 Zwiebel
- ♥ 150 g Blattsalat (z. B. Babysalatmischung)
- ♥ 2 EL Essig
- ♥ 3 EL Apfelsaft
- ♥ Salz ♥ Pfeffer
- ♥ 5 EL Öl
- ♥ 4 kleine Huftsteaks (ca. 500 g)
- ♥ 150 g Schlagsahne
- ♥ 75 g Gorgonzola
- ♥ 2 Stiele Petersilie
- ♥ 30 g Parmesan (Stück)
- ♥ Alufolie

1 Pilze putzen, waschen, je nach Größe halbieren. Zwiebel schälen und hacken. Salat waschen und trocken schütteln.

Essig, Apfelsaft, Salz und Pfeffer verrühren. 2 EL Öl darunterschlagen.

2 Steaks waschen und trocken tupfen. 1 EL Öl in einer beschichteten Pfanne erhitzen. Steaks darin von jeder Seite 2–3 Minuten braten. Mit Salz und Pfeffer würzen. Herausnehmen, in Alufolie wickeln, 5–10 Minuten ruhen lassen.

3 2 EL Öl im Bratfett erhitzen. Pilze und Zwiebel darin 4–5 Minuten braten. Mit Salz und Pfeffer würzen. Mit Sahne und ⅛ l Wasser ablöschen, aufkochen. Gorgonzola in Stückchen zufügen und unter Rühren schmelzen. Soße abschmecken.

4 Salat und Marinade mischen. Petersilie waschen, hacken und über die Pilze streuen. Alles anrichten. Parmesan mit einem Sparschäler darüberhobeln.

ZUBEREITUNGSZEIT ca. 30 Min.
PORTION ca. 480 kcal
E 38 g · F 35 g · KH 4 g

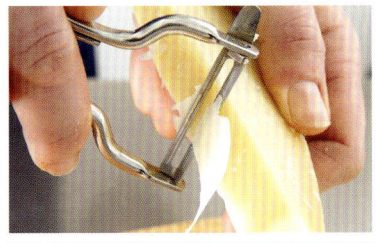

SCHNELL GEHOBELT
Kaufen Sie Parmesan am besten im größeren Stück. Mit einem Sparschäler können Sie davon ruck, zuck Späne nach Bedarf abhobeln. Der Rest hält sich eingewickelt im Kühlschrank mehrere Wochen.

Nackensteak mit Ratatouille

ZUTATEN FÜR 4 PERSONEN

- ♥ 200 g Langkornreis ♥ Salz
- ♥ 1 Gemüsezwiebel
- ♥ 2 Knoblauchzehen
- ♥ 3 Paprikaschoten (z. B. grün, gelb, rot)
- ♥ 1 Zucchini
- ♥ 5 EL Olivenöl ♥ Pfeffer
- ♥ 1 TL getrocknete Kräuter der Provence
- ♥ 250 g passierte Tomaten (Packung)
- ♥ 1 kleiner Zweig Rosmarin
- ♥ 4 Schweinenackensteaks (ca. 700 g)
- ♥ Rosenpaprika

1 Reis in kochendem Salzwasser nach Packungsanweisung garen. Inzwischen Zwiebel und Knoblauch schälen, fein würfeln. Paprika und Zucchini putzen, waschen und grob würfeln.

2 3 EL Öl in einem weiten Topf erhitzen. Zwiebeln und Knoblauch darin glasig dünsten. Paprika und Zucchini kurz mitdünsten. Mit Salz, Pfeffer und Kräutern der Provence kräftig würzen. Stückige Tomaten zufügen, aufkochen. Zugedeckt ca. 10 Minuten schmoren.

3 Rosmarin waschen und die Nadeln abzupfen. Fleisch waschen, trocken tupfen, mit Salz und Pfeffer würzen. In 2 EL heißem Öl von jeder Seite ca. 5 Minuten braten. Rosmarin kurz mitbraten. Ratatouille mit Salz, Pfeffer und Rosenpaprika abschmecken. Alles anrichten.

ZUBEREITUNGSZEIT ca. 30 Min.
PORTION ca. 720 kcal
E 47 g · F 34 g · KH 52 g

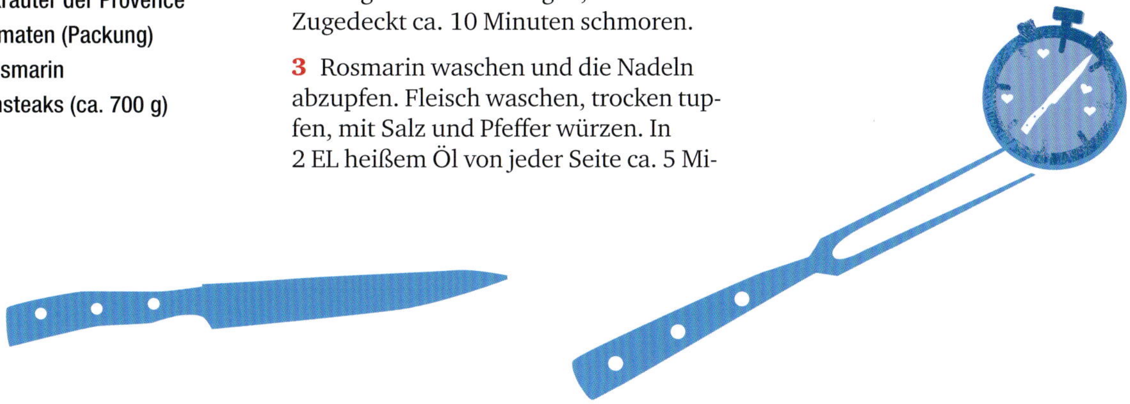

Putensteaks mit Tortilla-Käse-Kruste

ZUTATEN FÜR 4 PERSONEN

- ♥ 3 rote Paprikaschoten
- ♥ 2 Bund Lauchzwiebeln
- ♥ 500 g Putenbrust
- ♥ 3 EL Öl
- ♥ Salz ♥ Pfeffer ♥ Edelsüßpaprika
- ♥ 1 Flasche (250 ml) Barbecuesoße
- ♥ Fett für die Form
- ♥ 50 g Tortillachips
- ♥ 75 g geriebener Pizzakäse

1 Backofen vorheizen (E-Herd: 225 °C/ Umluft: 200 °C/Gas: s. Hersteller). Paprika putzen, waschen und in Streifen schneiden. Lauchzwiebeln putzen, waschen und in Ringe schneiden. Putenbrust waschen, trocken tupfen und in ca. 8 Stücke schneiden.

2 2 EL Öl in einer großen Pfanne erhitzen. Steaks darin pro Seite kurz anbraten. Mit Salz und Pfeffer würzen, herausnehmen.

3 1 EL Öl im Bratfett erhitzen. Paprika darin ca. 4 Minuten anbraten. Lauchzwiebeln kurz mitbraten. Mit Salz, Pfeffer und Edelsüßpaprika würzen. ¼ l Wasser und Barbecuesoße einrühren und aufkochen. Ca. 1 Minute köcheln und abschmecken.

4 Steaks nebeneinander in eine gefettete flache Auflaufform legen. Gemüse darauf verteilen. Chips darüber verteilen, mit Käse bestreuen. Im heißen Ofen 6–8 Minuten goldgelb gratinieren. Anrichten.

ZUBEREITUNGSZEIT ca. 30 Min.
PORTION ca. 430 kcal
E 37 g · F 17 g · KH 29 g

Schinken-Kräuterbrot-Auflauf

ZUTATEN FÜR 4 PERSONEN

- ♥ 1 mittelgroße Zwiebel
- ♥ 2 Knoblauchzehen
- ♥ 4 Stiele Basilikum
- ♥ 2 EL Olivenöl
- ♥ 2 Dosen (à 425 ml) stückige Tomaten
- ♥ Salz ♥ Pfeffer
- ♥ 8 Scheiben (ca. 400 g) Roggenbrot
- ♥ 4 EL Kräuterbutter (Kühlregal)
- ♥ 200 g gekochter Schinken in dünnen Scheiben
- ♥ Fett für die Form
- ♥ 100 g Butterkäse (Stück)
- ♥ Backpapier

1 Backofen vorheizen (E-Herd: 225 °C/ Umluft: 200 °C/Gas: s. Hersteller). Zwiebel und Knoblauch schälen und hacken. Basilikum waschen und fein schneiden. Öl in einem Topf erhitzen. Zwiebel und Knoblauch darin andünsten. Tomaten zufügen, aufkochen. Mit Salz und Pfeffer würzen. Zugedeckt ca. 5 Minuten köcheln. Basilikum unterrühren, Soße abschmecken.

2 Inzwischen Brotscheiben mit Kräuterbutter bestreichen und halbieren. Auf ein mit Backpapier belegtes Backblech legen und im heißen Ofen ca. 8 Minuten goldbraun rösten. Nach 4 Minuten einmal wenden. Brot herausnehmen.

3 Schinkenscheiben halbieren und mit Röstbrot und Tomatensoße in eine gefettete Auflaufform schichten. Käse grob reiben und darüberstreuen. Back-

ofen auf 200 °C (Umluft: 175 °C/Gas: s. Hersteller) herunterschalten. Auflauf darin 10–15 Minuten überbacken.

ZUBEREITUNGSZEIT ca. 30 Min.
PORTION ca. 670 kcal
E 30 g · F 28 g · KH 69 g

Kohlrabigratin mit Schinken & Käsesoße

ZUTATEN FÜR 3 PERSONEN

- ♥ 1 kg Kohlrabi
- ♥ ½ l + 150 ml Milch
- ♥ ½ TL Gemüsebrühe (instant)
- ♥ 150 g gekochter Schinken in Scheiben
- ♥ Fett für die Förmchen
- ♥ ca. 4 EL heller Soßenbinder
- ♥ 100 g geriebener Gouda
- ♥ Salz ♥ Pfeffer
- ♥ 1 EL Butter
- ♥ 1 Beutel (3 Portionen) Kartoffelpüreeflocken

1 Backofen vorheizen (E-Herd: 250 °C/ Umluft: 225 °C/Gas: s. Hersteller). Kohlrabi schälen, halbieren, waschen und in dünne Scheiben schneiden (evtl. einige zarte Kohlrabiblättchen zum Bestreuen beiseitelegen). ½ l Milch und Brühe aufkochen.

2 Kohlrabi in die kochende Milch geben und zugedeckt ca. 7 Minuten köcheln. Schinken in Streifen schneiden. Drei ofenfeste Förmchen fetten. Kohlrabi aus dem Fond nehmen und in den Förmchen verteilen.

3 Kohlrabifond aufkochen und binden. Schinken und Hälfte Käse einrühren, abschmecken. Soße auf dem Kohlrabi verteilen, mit Rest Käse bestreuen. Im heißen Ofen ca. 10 Minuten gratinieren.

4 350 ml Wasser und ½ TL Salz aufkochen. Vom Herd ziehen. 150 ml Milch und Butter zugeben, Püreeflocken einrühren. Ca. 1 Minuten quellen lassen. Alles anrichten und evtl. mit Kohlrabiblättchen bestreuen.

ZUBEREITUNGSZEIT ca. 30 Min.
PORTION ca. 510 kcal
E 33 g · F 20 g · KH 46 g

Gratinierte Schweine-filets auf Spitzkohl

ZUTATEN FÜR 4 PERSONEN

- ♥ 3 Möhren
- ♥ 1 Spitzkohl (ca. 600 g)
- ♥ 1 Zwiebel
- ♥ 2 EL Butter
- ♥ Salz ♥ Pfeffer
- ♥ 600 g Schweinefilet
- ♥ 2 EL Öl
- ♥ 1 EL Mehl
- ♥ 200 g Schlagsahne
- ♥ 125 g Gorgonzola
- ♥ 50 g geriebener Emmentaler

1 Backofengrill oder den Backofen auf höchster Stufe vorheizen. Möhren schälen und waschen. Spitzkohl putzen, waschen. Möhren in Scheiben, Spitzkohl in Streifen vom Strunk schneiden. Zwiebel schälen, fein würfeln.

2 Butter in einem Topf erhitzen, Hälfte Zwiebel und Möhren darin andünsten. Spitzkohl zufügen, alles mit Salz und Pfeffer würzen. Ca. ¼ l Wasser angießen, aufkochen und zugedeckt ca. 8 Minuten dünsten.

3 Schweinefilet waschen, trocken tupfen und in ca. 8 Medaillons schneiden. Öl in einer Pfanne erhitzen, Medaillons darin 4–5 Minuten anbraten. Mit Salz und Pfeffer würzen und herausnehmen. Rest Zwiebel im Bratfett andünsten. Mehl darüberstäuben, hell anschwitzen. Sahne und 200 ml Wasser

einrühren, aufkochen. Gorgonzola in Stücke schneiden und unter Rühren in der Soße schmelzen. Mit Salz und Pfeffer abschmecken.

4 Gemüse abgießen, nochmals mit Salz und Pfeffer würzen und in eine flache gefettete Auflaufform verteilen. Medaillons darauf verteilen. Käsesoße darüber verteilen und mit geriebenem Käse bestreuen. Unter dem heißen Grill ca. 5 Minuten gratinieren.

ZUBEREITUNGSZEIT ca. 30 Min.
PORTION ca. 590 kcal
E 49 g · F 39 g · KH 12 g

Tortelloni-Auflauf mit Chorizo

ZUTATEN FÜR 4 PERSONEN

- ♥ 1 Dose (425 ml) Kidneybohnen
- ♥ 2 Zwiebeln
- ♥ 150 g Chorizo (spanische Paprikawurst)
- ♥ 1 EL Öl
- ♥ 300 g TK-Erbsen
- ♥ 1 Dose (425 ml) stückige Tomaten
- ♥ Salz ♥ Pfeffer
- ♥ 500 g frische Tortelloni (Kühlregal)
- ♥ Fett für die Form
- ♥ 100 g geriebener Pizzakäse

1 Backofen vorheizen (E-Herd: 225 °C/ Umluft: 200 °C/Gas: s. Hersteller). Bohnen abspülen und gut abtropfen lassen. Zwiebeln schälen und grob würfeln. Chorizo in Scheiben schneiden.

2 Öl in einer Pfanne erhitzen. Chorizo und Zwiebeln darin kräftig anbraten. Gefrorene Erbsen, Bohnen und Tomaten zufügen und kurz mitdünsten. Mit Salz und Pfeffer abschmecken.

3 Tortelloni und Gemüsemischung in eine gefettete Auflaufform geben. Käse darüberstreuen. Im heißen Backofen 15–20 Minuten überbacken.

ZUBEREITUNGSZEIT ca. 30 Min.
PORTION ca. 730 kcal
E 40 g · F 34 g · KH 62 g

OHNE BACKOFEN

Statt Auflauf schnelle Nudel: Chorizo-Tomaten-Soße noch mit etwas Sahne verfeinern. Tortelloni in reichlich kochendem Salzwasser nach Packungsanweisung erhitzen. Abtropfen lassen, mit der Soße mischen und statt Pizzakäse frischen Parmesan darüberreiben.

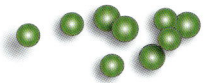

Fladenbrotpizza Margherita

ZUTATEN FÜR CA. 8 STÜCKE

- ♥ 100 g Bergkäse (Stück)
- ♥ 4 Stiele Basilikum
- ♥ 4 mittelgroße Tomaten
- ♥ 1 Fladenbrot (ca. 500 g)
- ♥ 4 EL Olivenöl
- ♥ 1 Dose (425 ml) Pizzatomaten
- ♥ Salz ♥ Pfeffer
- ♥ Backpapier

1 Backofen vorheizen (E-Herd: 200 °C/ Umluft: 175 °C/Gas: s. Hersteller). Käse reiben. Basilikum waschen und in feine Streifen schneiden. Tomaten waschen und in dünne Scheiben schneiden.

2 Fladenbrot waagerecht halbieren. Schnittflächen mit Öl beträufeln. Pizzatomaten darauf verteilen. Mit Tomaten belegen und mit Salz und Pfeffer würzen. Mit Basilikum und Käse bestreuen.

3 Pizzabrote auf den mit Backpapier ausgelegten Rost legen. Im heißen Ofen ca. 15 Minuten backen, bis der Käse goldgelb zerlaufen ist.

ZUBEREITUNGSZEIT ca. 30 Min.
STÜCK ca. 230 kcal
E 10 g · F 9 g · KH 26 g

FIX VARIIERT

Wenn Sie die Fladenbrotpizza nicht vegetarisch möchten, belegen Sie sie zusätzlich mit dünnen Salami- oder Kochschinkenscheiben. Auch lecker ist Thunfisch aus der Dose.

Hähnchenfilets in Paprikarahm

ZUTATEN FÜR 4 PERSONEN

- ♥ 1 dünne Stange Porree
- ♥ 250 g kleine Champignons
- ♥ 600 g Hähnchenfilet
- ♥ 4 EL Öl
- ♥ Salz ♥ Pfeffer
- ♥ 3 Paprikaschoten (z. B. grün, gelb und rot)
- ♥ 200 g Crème fraîche
- ♥ 4 EL trockener Sherry
- ♥ 4 Stiele Basilikum
- ♥ 75 g geriebener Gouda

1 Backofengrill oder den Backofen auf höchster Stufe vorheizen. Porree putzen, waschen und in feine Ringe schneiden. Pilze putzen, waschen. Fleisch waschen, trocken tupfen und in Scheiben schneiden. 2 EL Öl in einer großen ofenfesten Pfanne erhitzen. Fleisch darin rundherum 4–5 Minuten anbraten. Mit Salz und Pfeffer würzen, herausnehmen.

2 Inzwischen Paprika putzen, waschen und würfeln. 2 EL Öl im Bratfett erhitzen. Pilze darin kräftig anbraten. Paprika und Porree kurz mitbraten. Alles mit Salz und Pfeffer würzen.

3 ¼ l Wasser, Crème fraîche und Sherry einrühren, aufkochen und ca. 2 Minuten köcheln. Basilikum waschen, Blättchen abzupfen und in Streifen schneiden. Fleisch und Basilikum unter das Gemüse mischen. Mit Salz und Pfeffer abschmecken.

4 Käse darüberstreuen und unter dem heißen Grill ca. 4 Minuten oder bei höchster Hitze ca. 5 Minuten gratinieren. Dazu schmeckt Baguette.

ZUBEREITUNGSZEIT ca. 30 Min.
PORTION ca. 630 kcal
E 45 g · F 41 g · KH 12 g

NOCH SCHNELLER

Falls Sie die Ofenzeit sparen wollen oder Ihre Pfanne nicht ofenfest ist: Einen Deckel auflegen und den Käse in der Pfanne zerlaufen lassen.

Schlemmerbaguette mit Steaks & Brie

ZUTATEN FÜR 4 PERSONEN

- ♥ 1 Bund Lauchzwiebeln
- ♥ 4 kleine Tomaten
- ♥ 4 Schweinerückensteaks (ca. 500 g)
- ♥ 2 EL Öl
- ♥ Salz ♥ Pfeffer
- ♥ ½ Baguette (ca. 125 g)
- ♥ 150 g Brie (mind. 45 % Fett i. Tr.)
- ♥ Edelsüßpaprika

1 Backofen vorheizen (E-Herd: 225 °C/ Umluft: 200 °C/Gas: s. Hersteller). Lauchzwiebeln putzen, waschen und in grobe Stücke schneiden. Tomaten waschen und in Scheiben schneiden.

2 Steaks waschen und trocken tupfen. Öl in einer Pfanne erhitzen. Steaks darin von jeder Seite ca. 3 Minuten anbraten. Mit Salz und Pfeffer würzen, herausnehmen. Die Lauchzwiebeln im heißen Bratfett ca. 2 Minuten anbraten.

3 Baguette und Brie in 8 Scheiben schneiden. Baguettescheiben in vier kleine feuerfeste Förmchen legen oder in einer großen Auflaufform verteilen. Mit Steaks, Tomaten, Lauchzwiebeln und Brie belegen. Mit Salz, Pfeffer und Edelsüßpaprika würzen. Im heißen Ofen 10–12 Minuten überbacken.

ZUBEREITUNGSZEIT ca. 30 Min.
PORTION ca. 460 kcal
E 43 g · F 21 g · KH 21 g

Überbackene Paprika-hähnchen mit Feta

ZUTATEN FÜR 4 PERSONEN

- ♥ 200 g Langkornreis ♥ Salz
- ♥ 1 Zwiebel
- ♥ 1 Knoblauchzehe
- ♥ 2 große rote Paprikaschoten
- ♥ 4 Hähnchenfilets (à 150 g) ♥ Pfeffer
- ♥ 2 EL Öl
- ♥ 1 Glas (370 ml) Ajvar (milde Paprikazubereitung)
- ♥ Fett für die Form
- ♥ 100 g Feta
- ♥ 2–3 Stiele Petersilie

1 Backofen vorheizen (E-Herd: 225 °C/ Umluft: 200 °C/Gas: s. Hersteller). Reis in kochendem Salzwasser nach Packungsanweisung garen. Inzwischen Zwiebel und Knoblauch schälen, hacken. Paprika putzen, waschen und in Würfel schneiden.

2 Filets waschen, trocken tupfen und mit Salz und Pfeffer würzen. Öl in einer beschichteten Pfanne erhitzen. Filets darin von jeder Seite 2–3 Minuten anbraten. Herausnehmen. Zwiebel, Knoblauch und Paprika im heißen Bratfett ca. 3 Minuten anbraten. Ajvar einrühren und alles mit Salz und Pfeffer abschmecken.

3 ⅔ Soße in eine gefettete Auflaufform geben. Filets darauflegen und übrige Soße darauf verteilen. Feta darüberbröckeln. Im heißen Ofen ca. 15 Minuten überbacken. Petersilie waschen, hacken und über die Hähnchenfilets streuen. Mit Reis anrichten.

ZUBEREITUNGSZEIT ca. 30 Min.
PORTION ca. 500 kcal
E 43 g · F 13 g · KH 53 g

Gebackener Leberkäse mit Camembert & Preiselbeeren

ZUTATEN FÜR 3 PERSONEN

- ♥ 1 EL Öl
- ♥ 3 Scheiben (ca. 300 g) Leberkäse
- ♥ 1 Zwiebel
- ♥ 1 Beutel (500 g) Sauerkraut
- ♥ 2 Stiele Thymian
- ♥ 2 EL süßer Senf
- ♥ 3 EL Wildpreiselbeeren (Glas)
- ♥ 125 g Camembert

1 Backofen vorheizen (E-Herd: 200 °C/ Umluft: 175 °C/Gas: s. Hersteller). Öl in einer ofenfesten Pfanne erhitzen. Leberkäse darin von jeder Seite kurz goldbraun anbraten, herausnehmen.

2 Zwiebel schälen und fein würfeln. Mit Sauerkraut im heißen Bratfett andünsten, ca. 5 Minuten schmoren. Thymian waschen, Blättchen abzupfen.

3 Inzwischen Leberkäse erst mit Senf, dann mit Preiselbeeren bestreichen. Camembert in Scheiben schneiden und darauf verteilen.

4 Leberkäse auf das Sauerkraut setzen und im heißen Ofen ca. 5 Minuten überbacken. Mit Thymian bestreuen. Dazu schmeckt Baguette.

ZUBEREITUNGSZEIT ca. 25 Min.
PORTION ca. 550 kcal
E 19 g · F 43 g · KH 17 g

Fertig in **25** Minuten

Gnocchi-Auflauf Tomate-Mozzarella

ZUTATEN FÜR 3 PERSONEN

- ♥ 300 g Kirschtomaten
- ♥ 25 g getrocknete Tomaten
- ♥ 150 g Mini-Mozzarellakugeln
- ♥ 3 Stiele Basilikum
- ♥ 250 g Schlagsahne
- ♥ ⅛ l Milch
- ♥ 75 g Parmesan (Stück)
- ♥ Salz ♥ Pfeffer
- ♥ 600 g frische Gnocchi (Kühlregal)
- ♥ Fett für die Form
- ♥ 6 dünne Scheiben Parmaschinken

1 Backofen vorheizen (E-Herd: 225 °C/ Umluft: 200 °C/Gas: s. Hersteller). Kirschtomaten waschen und halbieren. Getrocknete Tomaten würfeln. Mozzarella abtropfen lassen. Basilikum waschen, Blättchen abzupfen und die Hälfte fein schneiden.

2 Sahne und Milch in einem Topf kurz aufkochen. Inzwischen Parmesan fein reiben. Sahne kräftig mit Salz und Pfeffer würzen und die Basilikumstreifen unterrühren.

3 Gnocchi, gesamte Tomaten, Mozzarella und Hälfte Parmesan in einer gefetteten ofenfesten Form mischen. Basilikumsahne darübergießen. Mit Rest Parmesan bestreuen. Im Ofen ca. 15 Minuten backen. Auflauf mit Basilikum und Parmaschinken anrichten.

ZUBEREITUNGSZEIT ca. 25 Min.
PORTION ca. 900 kcal
E 33 g · F 48 g · KH 80 g

127

Entenbrust mit Asiagemüse

ZUTATEN FÜR 4 PERSONEN
- 200 g Basmatireis ♥ Salz
- 600 g Möhren
- 150 g Zuckerschoten
- 150 g Mungobohnenkeimlinge
- 1 Dose (314 ml) Bambusschösslinge in Streifen
- 2 Entenbrustfilets (ca. 600 g) ♥ Pfeffer
- 8 EL Hoisinsoße oder Barbecuesoße
- 1–2 EL Limettensaft

1 Reis in kochendem Salzwasser nach Packungsanweisung garen. Inzwischen Möhren schälen, waschen und in breite Streifen schneiden oder hobeln. Zuckerschoten putzen, waschen und halbieren. Keimlinge waschen, abtropfen lassen. Bambus abtropfen lassen.

2 Fleisch waschen und gut trocken tupfen. Die Haut von den Filets schneiden und beides getrennt in Streifen schneiden. Haut in einer Pfanne ohne Fett knusprig braten. Herausnehmen und auf Küchenpapier abtropfen lassen. Entenfleisch im Bratfett ca. 2 Minuten rundherum kräftig anbraten. Mit Salz und Pfeffer würzen. Herausnehmen.

3 Möhren und Zuckerschoten im Bratfett ca. 3 Minuten braten. Hoisinsoße und Limettensaft einrühren. Fleisch, Keimlinge und Bambus zufügen und erhitzen. Abschmecken. Ente mit Reis anrichten. Knusprige Haut darüberstreuen.

ZUBEREITUNGSZEIT ca. 30 Min.
PORTION ca. 620 kcal
E 38 g · F 27 g · KH 53 g

SCHNELL GEWÜRZT

Für den typisch asiatischen Geschmack sorgt hier Hoisinsoße. Das ist eine chinesische Grillsoße, die leicht süßlich schmeckt. Gibt's im Asialaden und im gut sortierten Supermarkt. Statt frischer können Sie auch gefrorene Zuckerschoten nehmen. Die brauchen Sie nicht zu putzen.

Thailändischer Rindfleischsalat

ZUTATEN FÜR 4 PERSONEN

- ♥ 2 Rumpsteaks (à ca. 200 g)
- ♥ 3 EL Öl ♥ Salz ♥ Pfeffer
- ♥ 1 Salatgurke
- ♥ 2 rote Zwiebeln
- ♥ ½ Stange Zitronengras oder etwas abgeriebene Schale von ½ Bio-Limette
- ♥ 1 rote Chilischote
- ♥ 3 Stiele Minze oder Koriander
- ♥ 2 Limetten
- ♥ 3 EL Fisch- oder Sojasoße
- ♥ 1 EL Zucker
- ♥ Alufolie

1 Steaks waschen und trocken tupfen. 1 EL Öl in einer beschichteten Pfanne erhitzen. Steaks darin pro Seite ca. 3 Minuten anbraten. Mit Salz und Pfeffer würzen. In Folie wickeln und ca. 10 Minuten ruhen lassen.

2 Inzwischen Gurke waschen, evtl. schälen und in ca. 5 cm lange Stücke schneiden. Gurkenstücke erst in Scheiben, dann in Streifen schneiden. Zwiebeln schälen und in dünne Ringe schneiden.

3 Zitronengras längs einschneiden und die äußeren Blätter entfernen. Das helle Innere sehr fein hacken. Chili putzen, entkernen, waschen und in dünne Ringe schneiden. Minze waschen und grob hacken. Limetten auspressen. Alles mit Fischsoße, Zucker und 2 EL Öl verschlagen. Steaks in dünne Scheiben schneiden. Mit Gurke, Zwiebeln und der Marinade mischen.

ZUBEREITUNGSZEIT ca. 30 Min.
PORTION ca. 200 kcal
E 23 g · F 10 g · KH 4 g

Schweinefilet-Mango-Curry

ZUTATEN FÜR 4 PERSONEN

- ♥ 200 g Basmatireis ♥ Salz
- ♥ 1 Stange Porree
- ♥ 1 kleine rote Chilischote
- ♥ 2 Knoblauchzehen
- ♥ 1 reife Mango
- ♥ 600 g Schweinefilet
- ♥ 3 EL Öl
- ♥ 2 EL gelbe Currypaste
- ♥ 1 Dose (400 ml) ungesüßte Kokosmilch
- ♥ 2–3 EL Sojasoße

1 Reis in kochendem Salzwasser nach Packungsanweisung garen. Inzwischen Porree putzen, waschen und in Ringe schneiden. Chili putzen, entkernen, waschen und in Ringe schneiden. Knoblauch schälen, hacken. Mango schälen, Fruchtfleisch vom Stein schneiden und würfeln. Fleisch waschen, trocken tupfen und in Würfel schneiden.

2 2 EL Öl im Wok oder in einer großen Pfanne erhitzen. Fleisch darin ca. 3 Minuten anbraten und herausnehmen. 1 EL Öl im Bratfett erhitzen. Porree und Chili darin anbraten. Knoblauch zufügen und kurz mitbraten. Currypaste, Kokosmilch und ¼ l Wasser einrühren. Mango zufügen, aufkochen und ca. 5 Minuten köcheln.

3 Fleisch in der Soße wieder erhitzen. Curry mit Sojasoße abschmecken. Mit Reis anrichten.

ZUBEREITUNGSZEIT ca. 30 Min.
PORTION ca. 600 kcal
E 41 g · F 24 g · KH 50 g

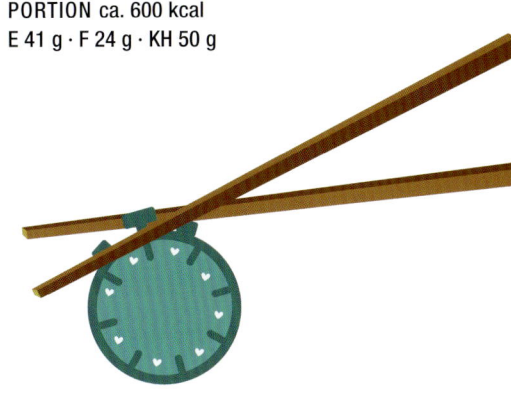

Asianudeln mit Rindfleisch & Brokkoli

ZUTATEN FÜR 4 PERSONEN

- ♥ Salz
- ♥ 300 g Brokkoli
- ♥ 300 g asiatische Weizennudeln
- ♥ 1 Zwiebel
- ♥ 2–3 Möhren
- ♥ 300 g Huft- oder Beefsteak
- ♥ 3 EL Öl ♥ Pfeffer
- ♥ 5–6 EL Sojasoße
- ♥ 1 TL flüssiger Honig
- ♥ 3 TL Sesam

1 Ca. 1 l Salzwasser aufkochen. Brokkoli putzen, waschen, in kleine Röschen teilen. Mit den Nudeln im kochenden Salzwasser ca. 4 Minuten garen.

2 Zwiebel schälen und klein schneiden. Möhren schälen, waschen, längs halbieren und klein schneiden. Fleisch waschen, trocken tupfen und in dünne Streifen schneiden. Nudeln und Brokkoli gut abtropfen lassen.

3 Öl in einer Pfanne erhitzen. Fleisch darin kräftig anbraten. Mit Salz und Pfeffer würzen, herausnehmen. Möhre und Zwiebel im Bratfett anbraten. ⅛ l Wasser, Sojasoße und Honig einrühren, aufkochen und ca. 3 Minuten köcheln.

4 Fleisch, Brokkoli und Nudeln untermischen und alles aufkochen. Mit Salz, Pfeffer und Sojasoße abschmecken. Mit Sesam bestreuen und anrichten.

ZUBEREITUNGSZEIT ca. 30 Min.
PORTION ca. 490 kcal
E 28 g · F 13 g · KH 62 g

SPART ZEIT
Brokkoli und Nudeln zusammen im kochenden Salzwasser garen.

Thaicurry mit Pute & Gemüse

ZUTATEN FÜR 4 PERSONEN

- ♥ 200 g Basmatireis ♥ Salz
- ♥ 1 Stück (ca. 3 cm) Ingwer
- ♥ 1 Bund Lauchzwiebeln
- ♥ 600 g Putenschnitzel
- ♥ 1 Beutel (700 g) TK-„Asia-Gemüse"
- ♥ 1 TL Gemüsebrühe (instant)
- ♥ 3 EL Öl ♥ Pfeffer
- ♥ 2–3 TL Curry
- ♥ 150 g Schlagsahne
- ♥ 3 Stiele Koriander oder Petersilie

1 Reis in Salzwasser nach Packungsanweisung garen. Ingwer schälen und fein würfeln. Lauchzwiebeln putzen, waschen und in Ringe schneiden. Fleisch waschen, trocken tupfen und in Streifen schneiden.

2 200 ml Wasser aufkochen. „Asia-Gemüse" und Brühe ins kochende Wasser geben und aufkochen. Zugedeckt ca. 7 Minuten köcheln, dabei mehrmals umrühren.

3 Öl in einer großen Pfanne erhitzen. Fleisch darin unter Wenden kräftig anbraten. Mit Salz und Pfeffer würzen.

Ingwer und Lauchzwiebeln zufügen, kurz mitbraten. Curry darüberstäuben und kurz anschwitzen.

4 Mit Sahne und ⅛ l Wasser ablöschen, aufkochen. Fleisch samt Soße unter das Gemüse rühren. Aufkochen und mit Salz, Pfeffer und Curry abschmecken. Koriander waschen, hacken und unterrühren. Mit Reis anrichten.

ZUBEREITUNGSZEIT ca. 25 Min.
PORTION ca. 550 kcal
E 45 g · F 15 g · KH 54 g

Scharfes Rindergeschnetzeltes

ZUTATEN FÜR 4 PERSONEN
- ♥ 200 g Jasminreis ♥ Salz
- ♥ 1 Bund Lauchzwiebeln
- ♥ 2 grüne Paprikaschoten
- ♥ 1 rote Chilischote
- ♥ 1 Stück (3 cm) Ingwer
- ♥ 3 Rinderhuftsteaks (ca. 500 g)
- ♥ 3 EL Öl
- ♥ 1 TL Chiliflocken
- ♥ 1 Dose (400 ml) ungesüßte Kokosmilch
- ♥ 1 TL Speisestärke
- ♥ 1 EL Limettensaft

1 Reis in Salzwasser nach Packungs-anweisung garen. Lauchzwiebeln und Paprika putzen, waschen und in Stücke schneiden. Ingwer schälen und sehr fein hacken.

2 Steaks waschen, trocken tupfen und in dünne Streifen schneiden. 2 EL Öl in einer beschichteten Pfanne erhitzen. Fleisch darin kräftig anbraten. Chili-flocken und Ingwer kurz mitbraten. Alles mit Salz würzen, herausnehmen.

3 1 EL Öl im Bratfett erhitzen. Lauch-zwiebeln und Paprika darin anbraten. Mit Kokosmilch und ⅛ l Wasser ablö-schen, aufkochen und alles ca. 3 Minu-ten köcheln. Stärke mit 3 EL Wasser glatt rühren. Soße damit binden, noch-mals aufkochen. Mit Salz und Limet-tensaft abschmecken. Fleisch wieder zufügen, erhitzen. Geschnetzeltes und Reis anrichten.

ZUBEREITUNGSZEIT ca. 25 Min.
PORTION ca. 550 kcal
E 34 g · F 23 g · KH 52 g

Garnelenpfanne mit Reisnudeln

ZUTATEN FÜR 4 PERSONEN

- ♥ 250 g Reisbandnudeln ♥ Salz
- ♥ 500 g TK-Garnelen (ohne Kopf und Schale)
- ♥ 2 Knoblauchzehen
- ♥ 250 g Mungobohnenkeimlinge
- ♥ 250 g Paksoi (oder s. Tipp)
- ♥ 1 dünne Stange Porree
- ♥ 3 Eier (Gr. M)
- ♥ 3 EL Öl ♥ 2 EL Limettensaft
- ♥ 3 EL Fisch- oder Sojasoße
- ♥ 4 EL süßscharfe Asiasoße

1 Reisnudeln in Wasser nach Packungsanweisung garen. Garnelen unter lauwarmem Wasser auftauen lassen. Dann trocken tupfen.

2 Knoblauch schälen und fein hacken. Keimlinge verlesen, waschen und abtropfen lassen. Paksoi und Porree putzen, waschen und in Stücke bzw. Streifen schneiden. Eier verquirlen. Nudeln gut abtropfen lassen.

3 2 EL Öl im Wok oder einer großen Pfanne erhitzen. Garnelen darin ca. 2 Minuten braten, herausnehmen. 1 EL Öl im Bratfett erhitzen. Knoblauch und Porree darin anbraten. Nudeln zufügen und ca. 3 Minuten mitbraten. Eier, Limettensaft, 3 EL Fischsoße und Asiasoße unter die Nudeln rühren, ca. 2 Minuten weiterbraten.

4 Garnelen, Paksoi und Keimlinge zu den Nudeln geben, ca. 3 Minuten braten. Alles abschmecken und anrichten.

ZUBEREITUNGSZEIT ca. 30 Min.
PORTION ca. 620 kcal
E 39 g · F 21 g · KH 65 g

STATT PAKSOI

Falls Sie keinen Paksoi bekommen, können Sie auch gefrorenen Blattspinat nehmen. Diesen zusammen mit dem Porree zufügen, auftauen lassen und dann Nudeln und die übrigen Zutaten zufügen.

Bratreis mit Steak und Nüssen

ZUTATEN FÜR 4 PERSONEN

- ♥ 200 g Langkornreis ♥ Salz
- ♥ 300 g Huftsteak
- ♥ 1 Knoblauchzehe
- ♥ 3–4 EL Sojasoße
- ♥ 2 EL Öl
- ♥ 750 g TK-Gemüsemischung
- ♥ 2 EL geröstete Erdnusskerne
- ♥ Pfeffer

1 Reis in Salzwasser nach Packungsanweisung garen. Fleisch waschen, trocken tupfen und in Streifen schneiden. Knoblauch schälen und fein hacken. Fleischstreifen, Knoblauch und 2 EL Sojasoße mischen.

2 1 EL Öl in einer beschichteten Pfanne erhitzen. Fleisch samt Sojasoße darin ca. 4 Minuten anbraten. Herausnehmen. 1 EL Öl in der Pfanne erhitzen. Gefrorenes Gemüse darin bei starker Hitze ca. 3 Minuten braten. Erdnüsse zufügen und alles bei mittlerer Hitze ca. 5 Minuten weiterbraten. Reis und Fleisch unter das Gemüse heben und ca. 3 Minuten mitbraten. Mit 1–2 EL Sojasoße und Pfeffer abschmecken.

ZUBEREITUNGSZEIT ca. 30 Min.
PORTION ca. 370 kcal
E 26 g · F 13 g · KH 38 g

Putenstreifen & Spinat in Kokossoße

ZUTATEN FÜR 4 PERSONEN

- ♥ 200 g Basmatireis ♥ Salz
- ♥ 1 Zwiebel
- ♥ 300 g junger Blattspinat
- ♥ 3 EL geröstete gesalzene Cashewkerne
- ♥ 600 g Putenschnitzel
- ♥ 2 EL Öl ♥ Pfeffer
- ♥ 2–3 TL Kurkuma
- ♥ 1 EL Mehl
- ♥ 1 Dose (400 ml) ungesüßte Kokosmilch
- ♥ 1 TL Hühnerbrühe (instant)

1 Reis in Salzwasser nach Packungsanweisung garen. Inzwischen Zwiebel schälen, hacken. Spinat putzen, waschen und abtropfen lassen. Cashewkerne grob hacken. Fleisch waschen, trocken tupfen und in Streifen schneiden.

2 Öl erhitzen. Fleisch darin kräftig anbraten. Zwiebel zufügen, mitbraten. Mit Salz und Pfeffer würzen. Kurkuma und Mehl darüberstäuben, anschwitzen. ¼ l Wasser und Kokosmilch einrühren, aufkochen. Brühe zufügen und alles ca. 3 Minuten köcheln. Spinat zufügen und zugedeckt zusammenfallen lassen. Alles mit Salz und Pfeffer abschmecken. Mit Cashewkernen bestreuen und mit Reis anrichten.

ZUBEREITUNGSZEIT ca. 30 Min.
PORTION ca. 600 kcal
E 45 g · F 24 g · KH 48 g

Schweinefleisch in Knoblauch-Soja-Soße

ZUTATEN FÜR 4 PERSONEN

- ♥ 200 g Basmatireis ♥ Salz
- ♥ 250 g Mungobohnenkeimlinge
- ♥ 1 Bund Lauchzwiebeln
- ♥ 2 Knoblauchzehen
- ♥ 600 g Schweinefilet
- ♥ 2 EL Öl ♥ Pfeffer
- ♥ 1 EL Sesamöl
- ♥ 5–6 EL Sojasoße
- ♥ 3 EL geröstete gesalzene Cashewkerne
- ♥ 1–2 TL Speisestärke
- ♥ Zucker

1 Reis in Salzwasser nach Packungsanweisung garen. Keimlinge verlesen, abspülen und abtropfen lassen. Lauchzwiebeln putzen und waschen. Das Weiße in Ringe, das Grüne in längliche Stücke schneiden. Knoblauch schälen und fein hacken.

2 Fleisch waschen, trocken tupfen und in Stücke schneiden. Öl in einer Pfanne oder im Wok erhitzen. Fleisch darin ca. 5 Minuten kräftig anbraten. Mit Salz und Pfeffer würzen. Lauchzwiebeln, Knoblauch und Sesamöl zufügen, kurz mitbraten. 5 EL Sojasoße und 200 ml Wasser angießen, aufkochen und ca. 2 Minuten köcheln.

3 Cashewkerne grob hacken. Keimlinge unter das Fleisch heben, nochmals aufkochen. Stärke und etwas Wasser glatt rühren, Soße damit binden. Alles mit Sojasoße und etwas Zucker abschmecken. Cashewkerne darüberstreuen. Mit dem Reis anrichten.

ZUBEREITUNGSZEIT ca. 25 Min.
PORTION ca. 470 kcal
E 40 g · F 13 g · KH 45 g

Hähnchencurry „sauer-scharf"

ZUTATEN FÜR 4 PERSONEN

- ♥ 200 g Jasminreis ♥ Salz
- ♥ 4 Möhren
- ♥ 2–3 kleine Zucchini
- ♥ 2 rote Zwiebeln
- ♥ 1 Stange Zitronengras
- ♥ 1 Stück (ca. 3 cm) Ingwer
- ♥ ½ Bio-Limette
- ♥ 4 Stiele Basilikum
- ♥ 600 g Hähnchenfilet
- ♥ 2 EL Öl ♥ Pfeffer
- ♥ 2–3 TL grüne Currypaste
- ♥ 1 Dose (400 g) ungesüßte Kokosmilch
- ♥ 2 EL Sojasoße

1 Reis in Salzwasser nach Packungsanweisung garen. Möhren schälen und waschen. Zucchini putzen, waschen. Möhren und Zucchini längs halbieren, in Scheiben schneiden. Zwiebeln schälen und in Spalten schneiden.

2 Zitronengras längs einschneiden, äußere Blätter entfernen. Stängel halbieren. Ingwer schälen, fein hacken. Limette heiß waschen, trocken tupfen und die Schale abreiben. Limette auspressen. Basilikum waschen, trocken schütteln und in Streifen schneiden.

3 Fleisch waschen, trocken tupfen und würfeln. Öl in einem Wok oder einer Pfanne erhitzen. Fleisch darin kräftig anbraten. Mit Salz und Pfeffer würzen. Gemüse, Zwiebeln und Ingwer zufügen und ca. 2 Minuten mitbraten. Curry-paste einrühren und kurz anschwitzen. Mit Kokosmilch, ¼ l Wasser, Sojasoße und Limettensaft ablöschen, aufkochen. Zitronengras und Limettenschale zufügen. Alles ca. 5 Minuten köcheln. Basilikum unterrühren. Curry nochmals abschmecken, Zitronengras entfernen. Mit Jasminreis anrichten.

ZUBEREITUNGSZEIT ca. 30 Min.
PORTION ca. 560 kcal
E 42 g · F 23 g · KH 50 g

Zweierlei Flammkuchen

ZUTATEN FÜR 16 STÜCKE

- ♥ 2 Rollen (à 260 g) frischer Flammkuchenteig (Kühlregal)
- ♥ 200 g Kirschtomaten
- ♥ 150 g Ziegenfrischkäse
- ♥ 2 EL Milch
- ♥ 2 EL Pinienkerne
- ♥ 1 Lauchzwiebel
- ♥ grobes Salz ♥ Pfeffer
- ♥ 150 g Schmand
- ♥ 125 g Mozzarella
- ♥ 1 TL getrocknete italienische Kräuter
- ♥ 75 g Salami in dünnen Scheiben
- ♥ 2–3 Stiele Basilikum
- ♥ 3 EL schwarze Oliven

1 MIT ZIEGENFRISCHKÄSE & TOMATEN
Backofen vorheizen (E-Herd: 225 °C/Umluft: 200 °C/Gas: s. Hersteller). 1 Teig samt Backpapier auf dem Backblech entrollen. Im heißen Ofen ca. 6 Minuten vorbacken.

2 Tomaten waschen, in Scheiben schneiden. Käse und Milch verrühren. Teigboden mit Käse bestreichen. Tomaten und Pinienkerne darauf verteilen. Kuchen 6–8 Minuten weiterbacken. Lauchzwiebel putzen, waschen, fein schneiden. Fertigen Flammkuchen damit bestreuen. Würzen und in 8 Stücke schneiden.

3 MIT SALAMI & MOZZARELLA
Den 2. Teig ebenfalls vorbacken. Schmand glatt rühren. Mozzarella in Scheiben schneiden. Teigboden mit Schmand bestreichen. Kräuter, Salami und Mozzarella darauf verteilen. 6–8 Minuten weiterbacken. Basilikum waschen, Blättchen abzupfen. Oliven und Basilikum auf den fertigen Kuchen streuen. In 8 Stücke schneiden.

ZUBEREITUNGSZEIT ca. 30 Min.
STÜCK ca. 180 kcal
E 7 g · F 9 g · KH 17 g

Schnitzel-Flute „caprese"

ZUTATEN FÜR 4 STÜCK

- ♥ 4 kleine Schweineschnitzel (ca. 400 g)
- ♥ 1 EL Öl ♥ Salz ♥ Pfeffer
- ♥ Edelsüßpaprika
- ♥ 2 Tomaten
- ♥ 250 g Mozzarella
- ♥ 6 EL Salatmayonnaise
- ♥ 1 EL Senf
- ♥ 1 TL Zitronensaft
- ♥ 3 Stiele Basilikum
- ♥ 2 dünne Baguettes

1 Schnitzel waschen, trocken tupfen, in Streifen schneiden. Öl in einer Pfanne erhitzen. Fleisch darin ca. 4 Minuten braten. Mit Salz, Pfeffer und Edelsüßpaprika würzen. Herausnehmen.

2 Tomaten waschen und in dünne Scheiben schneiden. Käse in Scheiben schneiden. Mayonnaise und Senf verrühren. Mit Zitronensaft, Salz und Pfeffer abschmecken. Basilikum waschen, Blättchen abzupfen.

3 Baguettes quer halbieren. Jede Hälfte ein-, aber nicht durchschneiden, leicht auseinanderdrücken und mit etwas Senfcreme bestreichen. Mit Käse, Tomaten, Fleisch und Basilikum belegen. Übrige Senfcreme darauf verteilen.

ZUBEREITUNGSZEIT ca. 20 Min.
STÜCK ca. 710 kcal
E 42 g · F 38 g · KH 45 g

Fertig in
20
Minuten

FAST & FOOD

Wraps mit Hähnchen und Mangochutney

ZUTATEN FÜR 4 STÜCK

- ♥ 2 Möhren
- ♥ 2 Minirömersalate
- ♥ 4 große Weizenwraps (270 g; 20 cm Ø)
- ♥ 4–6 EL Mangochutney (Glas)
- ♥ 150 g hauchdünner Hähnchenbrust-aufschnitt
- ♥ Pergamentpapier

1 Möhren schälen, waschen und grob raspeln. Salate putzen, waschen und gut abtropfen lassen. Wraps nacheinander in einer Pfanne ohne Fett jeweils ca. 30 Sekunden erwärmen, dabei einmal wenden. Mangochutney auf die Wraps streichen, dabei einen ca. 2 cm breiten Rand lassen.

2 Wraps nacheinander mit Salat, Möhrenraspeln und Hähnchenaufschnitt belegen. Seiten der Wraps nach innen einschlagen. Wraps fest aufrollen und schräg durchschneiden. Enden mit Pergamentpapier umwickeln.

ZUBEREITUNGSZEIT ca. 15 Min.
STÜCK ca. 310 kcal
E 14 g · F 10 g · KH 39 g

SCHNELL AUF DIE HAND
Damit sich die Wraps nicht wieder abrollen, das untere Drittel mit Pergamentpapier umwickeln und die Enden umklappen.

Fertig in
15
Minuten

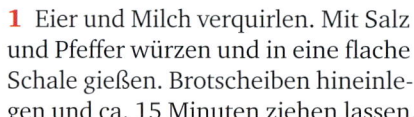

Arme Ritter mit Schinken & Käse

ZUTATEN FÜR 4 STÜCK

- ♥ 3 Eier (Gr. M) ♥ ¼ l Milch
- ♥ Salz ♥ Pfeffer
- ♥ 8 Scheiben Ciabatta
- ♥ 4 Tomaten
- ♥ 1 EL Kapern (Glas)
- ♥ 1 kleine Zwiebel
- ♥ 1 EL Olivenöl
- ♥ 2 EL Weißweinessig ♥ Zucker
- ♥ 4 dünne Scheiben Gouda
- ♥ 4 dünne Scheiben gekochter Schinken
- ♥ 3 EL Butter

1 Eier und Milch verquirlen. Mit Salz und Pfeffer würzen und in eine flache Schale gießen. Brotscheiben hineinlegen und ca. 15 Minuten ziehen lassen.

2 Tomaten waschen und fein würfeln. Kapern abtropfen lassen. Zwiebel schälen, fein würfeln und im heißen Öl andünsten. Tomaten und Kapern zufügen und alles ca. 5 Minuten mitdünsten. Mit Essig, Salz, Pfeffer und 1 Prise Zucker abschmecken.

3 4 Brotscheiben auf der einen Seite mit Käse und Schinken belegen. Übrige Brote daraufflegen und etwas andrücken. Dabei darauf achten, dass die eingeweichten Seiten außen sind.

4 Butter in einer großen beschichteten Pfanne erhitzen. Brote darin bei mittlerer Hitze von jeder Seite 3–4 Minuten goldbraun braten. Schmortomaten dazu reichen.

ZUBEREITUNGSZEIT ca. 30 Min.
STÜCK ca. 410 kcal
E 21 g · F 17 g · KH 41 g

BROTTIPP

Für die armen Ritter müssen Sie nicht extra Ciabatta kaufen. Sie können auch Baguette, Graubrot oder Toast nehmen.

Steaksandwiches mit Paprikasalsa

ZUTATEN FÜR 4 STÜCK

- ♥ 1 mittelgroße Zwiebel
- ♥ 1 Knoblauchzehe
- ♥ 150 g geröstete Paprikaschoten (Glas)
- ♥ 100 g Rucola
- ♥ Salz ♥ Pfeffer
- ♥ 4 Baguettebrötchen
- ♥ 4 kleine Huftsteaks (à ca. 125 g)
- ♥ 1 EL Öl

1 Zwiebel und Knoblauch schälen und fein würfeln. Paprika abtropfen lassen und fein würfeln. Rucola putzen, waschen und trocken schütteln. Hälfte Rucola grob hacken und mit Zwiebel, Knoblauch und Paprika mischen. Paprikasalsa kräftig mit Salz und Pfeffer abschmecken.

2 Brötchen evtl. kurz auf dem Toaster aufrösten. Steaks waschen und trocken tupfen. Öl in einer beschichteten Pfanne erhitzen. Steaks darin von jeder Seite 2–3 Minuten kräftig braten. Mit Salz und Pfeffer würzen.

3 Brötchen aufschneiden. Steaks in schräge Scheiben schneiden. Brötchen mit dem Rest Rucola, Steakscheiben und Paprikasalsa belegen.

ZUBEREITUNGSZEIT ca. 20 Min.
STÜCK ca. 370 kcal
E 33 g · F 9 g · KH 36 g

FÜR DEN VORRAT

Die Paprikasalsa lässt sich auch prima vorbereiten und schmeckt lecker zu jedem anderen kurz gebratenen Stück Fleisch. Ideal zum Grillen. Sie hält sich im Kühlschrank mehrere Tage.

Fertig in **20** Minuten

Überbackenes Putentoast mit Aprikosen

ZUTATEN FÜR 4 STÜCK

- ♥ 2 mittelgroße Möhren
- ♥ 6 reife Aprikosen (oder aus der Dose; s. Tipp rechts)
- ♥ 75 g Mandelkerne (mit Haut)
- ♥ 4 Putenschnitzel (ca. 500 g)
- ♥ 2 EL Öl ♥ Salz ♥ Pfeffer
- ♥ 2 EL Aprikosenkonfitüre
- ♥ 4 Scheiben Sandwichtoast
- ♥ 150 g geriebener Gouda
- ♥ Backpapier

Fertig in
20
Minuten

1 Backofen vorheizen (E-Herd: 225 °C/ Umluft: 200 °C/Gas: s. Hersteller). Möhren schälen, waschen, längs halbieren und in dünne Scheiben schneiden. Aprikosen waschen, entsteinen und in Spalten schneiden. Mandeln grob hacken. Schnitzel waschen, trocken tupfen und halbieren.

2 Öl in einer Pfanne erhitzen. Schnitzel darin von jeder Seite ca. 2 Minuten anbraten. Mit Salz und Pfeffer würzen, herausnehmen. Möhren im heißen Bratfett ca. 5 Minuten andünsten. Aprikosen und Mandeln ca. 2 Minuten mitbraten. Mit Salz und Pfeffer würzen. Konfitüre einrühren.

3 Toast auf ein mit Backpapier ausgelegtes Backblech legen. Schnitzel und Aprikosenmischung daraufgeben und mit Käse bestreuen. Im heißen Backofen 8–10 Minuten überbacken.

ZUBEREITUNGSZEIT ca. 20 Min.
STÜCK ca. 600 kcal
E 44 g · F 30 g · KH 34 g

FIX AUS DEM VORRAT

Wenn gerade keine Aprikosenzeit ist oder wenn Sie keine frischen Früchte zur Hand haben, können Sie das Edeltoast auch mit Früchten aus der Dose zubereiten. Probieren Sie auch Pfirsich oder Ananas.

Frischkäsebaguettes mit Roten Beten

ZUTATEN FÜR 8 STÜCK

- ♥ 1 Vollkornbaguette (250 g)
- ♥ 500 g Rote Beten (vakuumverpackt)
- ♥ 2–3 Stiele Thymian
- ♥ 150 g Rahm- oder Ziegenfrischkäse
- ♥ 3–4 TL flüssiger Honig
- ♥ grobes Salz ♥ Pfeffer
- ♥ Backpapier

Fertig in
20
Minuten

1 Backofen vorheizen (E-Herd: 225 °C/ Umluft: 200 °C/Gas: s. Hersteller). Baguette erst in Stücke, dann waagerecht aufschneiden. Auf ein mit Backpapier ausgelegtes Backblech legen. Im heißen Ofen ca. 4 Minuten rösten.

2 Inzwischen Rote Beten in Scheiben schneiden (s. Abb. rechts). Thymian waschen und die Blättchen abzupfen. Baguette aus dem Ofen nehmen und mit den Rote-Bete-Scheiben belegen. Frischkäse in Flöckchen darauf verteilen, dann Thymian und Honig darauf verteilen. Im heißen Ofen ca. 6 Minuten überbacken. Herausnehmen und mit Salz und Pfeffer würzen.

ZUBEREITUNGSZEIT ca. 20 Min.
STÜCK ca. 120 kcal
E 4 g · F 2 g · KH 21 g

RUCK, ZUCK IN SCHEIBEN
Praktisch für die schnelle Küche sind gegarte Rote Beten, die Sie vakuumverpackt in der Gemüseabteilung finden. Aber Vorsicht: Rote Beten färben stark – ziehen Sie beim Schneiden der Knollen am besten Einmalhandschuhe an, damit sich Ihre Hände nicht rot färben.

Entenbrust mit Rucola-Tomaten-Salat

ZUTATEN FÜR 4 PERSONEN

FÜR DEN EINKAUFSZETTEL

- ♥ 2 Entenbrustfilets (ca. 600 g)
- ♥ 400 g Kirschtomaten
- ♥ 150 g Rucola

AUS DEM VORRAT

- ♥ Salz ♥ Pfeffer
- ♥ 1 TL + 3 EL Olivenöl
- ♥ 1 Zwiebel
- ♥ 4 EL Balsamico-Essig
- ♥ Alufolie

1 Backofen vorheizen (E-Herd: 175 °C/Umluft: 150 °C/Gas: s. Hersteller). Entenbrust waschen und trocken tupfen. Hautseite mit einem scharfen Messer mehrmals einritzen. Fleischseiten mit Salz und Pfeffer würzen.

2 1 TL Öl in einer ofenfesten Pfanne erhitzen. Entenbrust zuerst auf der Hautseite ca. 3 Minuten anbraten. Wenden und auf der Fleischseite ca. 2 Minuten weiterbraten. Im heißen Ofen ca. 15 Minuten garen. Fleisch herausnehmen, in Alufolie wickeln und ca. 10 Minuten ruhen lassen.

3 Inzwischen Tomaten waschen und halbieren. Rucola putzen, waschen und gut trocken schütteln. Zwiebel schälen und in feine Ringe schneiden. Essig, Salz und Pfeffer verrühren. 3 EL Öl unterschlagen. Zwiebel zufügen.

4 Tomaten, Rucola und Vinaigrette mischen. Entenbrustfilet in dünne Scheiben schneiden und mit dem Rucola-Tomaten-Salat auf Tellern anrichten. Dazu schmeckt Ciabatta.

ZUBEREITUNGSZEIT ca. 30 Min.
PORTION ca. 450 kcal
E 29 g · F 35 g · KH 4 g

5-Zutaten-Küche

Bei diesen Rezepten haben wir die Zutaten unterteilt: Zuerst stehen maximal 5 Zutaten, die sie einkaufen müssen. Danach folgen die Dinge, die Sie wahrscheinlich im Vorrat haben, wie Gewürze, Essig, Öl, Senf, Zwiebeln, Brühe …

Putenmedaillons zu Sauerkrautsalat

ZUTATEN FÜR 4 PERSONEN

FÜR DEN EINKAUFSZETTEL

♥ 3 EL Walnusskerne

♥ 600 g frisches Sauerkraut

♥ 4 Stiele Petersilie

♥ 250 g Rote Beten (vakuumverpackt)

♥ 4 Putenschnitzel (ca. 600 g)

AUS DEM VORRAT

♥ 3 EL Apfelessig

♥ Salz ♥ Pfeffer ♥ Zucker

♥ 4 EL Öl (davon z. B. 3 EL Nussöl)

1 Walnüsse in einer Pfanne ohne Fett rösten. Herausnehmen, abkühlen lassen und grob hacken. Sauerkraut abtropfen lassen. Petersilie waschen, trocken schütteln und in Streifen schneiden. Rote Beten in kleine Würfel schneiden (Vorsicht, färben stark! Einmalhandschuhe tragen).

2 Essig, Salz, Pfeffer und 1 Prise Zucker verrühren. 3 EL Nussöl darunterschlagen. Petersilie unterrühren. Sauerkraut, Rote Beten und Nüsse mit der Marinade mischen.

3 Putenschnitzel waschen und trocken tupfen. Evtl. flacher klopfen und halbieren. 1 EL Öl in der Pfanne erhitzen. Schnitzel darin ca. 4 Minuten knusprig braten. Mit Salz und Pfeffer würzen. Sauerkrautsalat nochmals abschmecken und mit den Medaillons anrichten. Dazu schmeckt Baguette.

ZUBEREITUNGSZEIT ca. 30 Min.
PORTION ca. 380 kcal
E 39 g · F 21 g · KH 5 g

LECKER FÜR UNTERWEGS

Den Salat können Sie auch prima mitnehmen. Das Fleisch braten, in Würfel schneiden und unterheben. Wer möchte, schnippelt zusätzlich einen Apfel hinein.

Spaghetti mit Hack-Brokkoli-Soße

ZUTATEN FÜR 4 PERSONEN

FÜR DEN EINKAUFSZETTEL

- ♥ 500 g Brokkoli
- ♥ 400 g Spaghetti
- ♥ 400 g Rinderhack
- ♥ 2 Packungen (à 150 g) Frischkäsezubereitung mit Kräutern der Provence

AUS DEM VORRAT

- ♥ Salz
- ♥ 1 Zwiebel
- ♥ 1–2 EL Öl
- ♥ Pfeffer

1 Reichlich Salzwasser im großen Topf aufkochen. Brokkoli putzen, waschen und in sehr kleine Röschen teilen. Brokkolistiele schälen und klein schneiden. Zwiebel schälen, hacken. Spaghetti im kochenden Salzwasser nach Packungsanweisung garen. Brokkoli in den letzten 2–3 Minuten mitgaren.

2 Inzwischen Öl in einer Pfanne erhitzen. Hack darin krümelig braten. Zwiebel kurz mitbraten. Mit Salz und Pfeffer würzen. Vom Nudelwasser ca. ¼ l abnehmen und zum Hack gießen, aufkochen. Frischkäse einrühren und kurz köcheln lassen.

3 Spaghetti und Brokkoli abgießen und zurück in den Topf geben. Hack-Brokkoli-Soße mit Salz und Pfeffer abschmecken, mit den Nudeln mischen.

ZUBEREITUNGSZEIT ca. 25 Min.
PORTION ca. 830 kcal
E 44 g · F 35 g · KH 79 g

Fertig in **25** Minuten

Gratinierte Medaillons mit Käse-Pfeffer-Soße

ZUTATEN FÜR 4 PERSONEN

FÜR DEN EINKAUFSZETTEL

- ♥ 600 g TK-Prinzessbohnen
- ♥ 500 g Schweinefilet
- ♥ 100 g Weichkäse mit Pfefferkörnern
- ♥ 5 Stiele Petersilie

AUS DEM VORRAT

- ♥ Salz ♥ 1 kleine Zwiebel
- ♥ 1–2 EL Öl ♥ Pfeffer
- ♥ 2 TL Mehl
- ♥ ¼ l Milch
- ♥ 2 EL Butter

1 Backofengrill vorheizen. Gefrorene Bohnen in wenig kochendem Salzwasser ca. 10 Minuten dünsten. Inzwischen Zwiebel schälen und fein hacken. Filet in 8 Medaillons schneiden. Öl in einer Pfanne erhitzen. Fleisch darin von jeder Seite 2–3 Minuten braten. Mit Salz und Pfeffer würzen, herausnehmen.

2 Zwiebel im heißen Bratfett andünsten. Mit Mehl bestäuben und hell anschwitzen. Milch einrühren und aufkochen. Käse würfen und unter Rühren in der Soße schmelzen. Mit Salz und Pfeffer abschmecken.

3 Petersilie waschen, hacken. Bohnen abgießen. Butter und Petersilie zu den Bohnen geben, schwenken. Bohnen und Medaillons in eine ofenfeste Form geben und die Soße darüber verteilen.

Unter dem heißen Backofengrill 3–5 Minuten gratinieren. Dazu schmeckt Baguette.

ZUBEREITUNGSZEIT ca. 30 Min.
PORTION ca. 370 kcal
E 35 g · F 20 g · KH 10 g

Hähnchenschnitzel mit Spinatnudeln

ZUTATEN FÜR 4 PERSONEN

FÜR DEN EINKAUFSZETTEL

- ♥ 4 Hähnchenfilets (ca. 500 g)
- ♥ 5–6 EL Semmelbrösel
- ♥ 250 g Kirschtomaten
- ♥ 400 g kurze Nudeln (z. B. Penne)
- ♥ 500 g TK-Würzspinat

AUS DEM VORRAT

- ♥ Salz ♥ Pfeffer
- ♥ 2–3 EL Senf
- ♥ 2 EL Öl

1 Reichlich Salzwasser aufkochen. Fleisch waschen und trocken tupfen. Jedes Filet halbieren, etwas flacher klopfen und mit Salz und Pfeffer würzen. Rundherum mit Senf einstreichen und in Semmelbröseln wenden. Panade leicht andrücken. Tomaten waschen und halbieren.

2 Nudeln im kochenden Wasser nach Packungsanweisung bissfest garen. Inzwischen gefrorenen Spinat im Topf nach Packungsanweisung auftauen lassen.

3 Öl in einer beschichteten Pfanne erhitzen. Schnitzel darin ca. 6 Minuten goldbraun braten. Tomaten zum Spinat geben und ca. 3 Minuten mit erhitzen.

4 Nudeln abgießen, wieder in den Topf geben. Mit Spinat mischen, mit Salz und Pfeffer abschmecken. Hähnchenschnitzel und Nudeln anrichten.

ZUBEREITUNGSZEIT ca. 30 Min.
PORTION ca. 690 kcal
E 46 g · F 16 g · KH 87 g

Schinken-Käse-Schnecken

ZUTATEN FÜR 8 STÜCK

FÜR DEN EINKAUFSZETTEL

- ♥ 1 Packung (270 g) frischer Blätterteig (Kühlregal)
- ♥ 100 g Bergkäse (Stück)
- ♥ 6 Scheiben gekochter Schinken
- ♥ 1 Eigelb (Gr. M)
- ♥ Backpapier

1 Backofen vorheizen (E-Herd: 200 °C/ Umluft: 175 °C/Gas: s. Hersteller). Blätterteig samt Backpapier entrollen und kurz ruhen lassen. Käse grob reiben.

2 Schinken und Käse auf dem Teig verteilen. Teigplatte mithilfe des Backpapiers von der langen Seite her aufrollen. Rolle in 8 Stücke schneiden und auf ein mit Backpapier ausgelegtes Backblech legen.

3 Eigelb und 2 EL Wasser verquirlen. Teigstücke damit einstreichen. Im heißen Backofen ca. 15 Minuten goldbraun backen.

ZUBEREITUNGSZEIT ca. 25 Min.
STÜCK ca. 230 kcal
E 9 g · F 14 g · KH 15 g

SCHNELL VEGETARISCH

Blätterteig mit 175 g Tomaten- oder Kräuterfrischkäse bestreichen, ca. 50 g gehackte Oliven und 100 g geriebenen Käse darüberstreuen. Dann aufrollen und ebenso backen.

Fertig in
25
Minuten

Schupfnudelpfanne mit Zwiebelmett

ZUTATEN FÜR 4 PERSONEN

FÜR DEN EINKAUFSZETTEL

♥ 1 kleiner Spitzkohl (ca. 500 g)
♥ 70 g getrocknete Tomaten in Öl
♥ 600 g frische Schupfnudeln (Kühlregal)
♥ 300 g Zwiebelmett

AUS DEM VORRAT

♥ 2 EL Butter
♥ 1 EL Öl
♥ Salz ♥ Pfeffer ♥ Muskat

Fertig in
25
Minuten

1 Spitzkohl putzen, waschen, vierteln und in Streifen schneiden. Tomaten abtropfen lassen und in Streifen schneiden. Butter in einer großen tiefen Pfanne erhitzen. Schupfnudeln darin ca. 4 Minuten goldbraun braten, herausnehmen.

2 1 EL Öl in der Pfanne erhitzen. Mett in Flöckchen darin kräftig anbraten. Spitzkohl und Tomaten zufügen und alles weitere ca. 5 Minuten braten. Mit ⅛ l Wasser ablöschen. Aufkochen und ca. 5 Minuten köcheln. Schupfnudeln daruntermischen. Mit Salz, Pfeffer und Muskat abschmecken.

ZUBEREITUNGSZEIT ca. 25 Min.
PORTION ca. 610 kcal
E 28 g · F 30 g · KH 59 g

IM NU ZERKLEINERT

Der geputzte Spitzkohl muss nur halbiert und dann bis zum Strunk in Streifen geschnitten werden, Enden wegschmeißen. Für diese Pfanne können Sie auch Chinakohl nehmen.

Paprika-Steakpfanne

ZUTATEN FÜR 4 PERSONEN

FÜR DEN EINKAUFSZETTEL

- ♥ 4 Stiele frischer oder
  1 TL getrockneter Thymian
- ♥ 1 Knoblauchzehe
- ♥ 4 Rinderhuftsteaks (ca. 600 g)
- ♥ 3 Paprikaschoten (z. B. gelb und orange)

AUS DEM VORRAT

- ♥ 4 EL Olivenöl
- ♥ Salz ♥ Pfeffer

Fertig in
20
Minuten

1 Thymian waschen, trocken schütteln und die Blättchen abzupfen. Knoblauch schälen und fein hacken. Fleisch waschen, trocken tupfen und in Streifen schneiden. Mit 3 EL Öl, Thymian und Knoblauch mischen.

2 Paprika putzen, waschen und in Streifen oder Stücke schneiden. 1 EL Öl in einer großen Pfanne erhitzen. Paprika darin ca. 3 Minuten anbraten. Mit Salz und Pfeffer würzen, herausnehmen.

3 Fleisch samt Marinade in das heiße Bratfett geben und 3–4 Minuten braten. Paprika wieder zufügen und alles weitere ca. 2 Minuten braten. Steakpfanne mit Salz und Pfeffer abschmecken, anrichten. Dazu schmecken Fladenbrot und Sour Cream.

ZUBEREITUNGSZEIT ca. 20 Min.
PORTION ca. 320 kcal
E 34 g · F 17 g · KH 5 g

AUCH SCHNELL

Anstelle von Paprika können Sie auch 500 g Champignons oder 3 kleine Zucchini nehmen. Damit geht's genauso fix.

Gebratener Spargel mit Sesamgnocchi

ZUTATEN FÜR 4 PERSONEN

FÜR DEN EINKAUFSZETTEL

♥ 1,5 kg grüner Spargel
♥ 2–3 Stiele Salbei
♥ 800 g Gnocchi (Kühlregal)
♥ 2 EL Sesam

AUS DEM VORRAT

♥ Salz
♥ 1 Zwiebel
♥ 5 EL Butter
♥ 2 EL Öl ♥ Pfeffer

1 Reichlich Salzwasser aufkochen. Spargel waschen und die Enden großzügig abschneiden. Spargel in Stücke schneiden. Zwiebel schälen und fein würfeln. Salbei waschen, trocken schütteln und die Blättchen abzupfen.

2 Gnocchi im kochenden Salzwasser nach Packungsanweisung garen. Sesam in einer beschichteten Pfanne ohne Fett rösten. Butter zufügen und aufschäumen lassen. Salbei zugeben und kurz braten. Gnocchi abtropfen lassen, wieder in den Topf geben und mit der Sesam-Salbei-Butter mischen.

3 Öl in der Pfanne erhitzen. Spargel und Zwiebel darin ca. 5 Minuten braten. Mit Salz und Pfeffer würzen. Mit Gnocchi mischen und nochmals alles erwärmen.

ZUBEREITUNGSZEIT ca. 30 Min.
PORTION ca. 510 kcal
E 13 g · F 19 g · KH 69 g

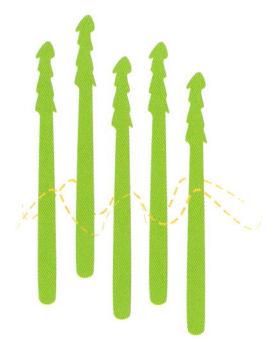

157

Geschnetzeltes mit Pestosahne

ZUTATEN FÜR 4 PERSONEN
- ♥ 4 Schweineschnitzel (ca. 500 g)
- ♥ 2 Zwiebeln
- ♥ 4 Paprikaschoten (z. B. rot, grün und gelb)
- ♥ 2 EL Olivenöl
- ♥ Salz ♥ Pfeffer
- ♥ 150 g Crème fraîche oder Schmand
- ♥ 3–4 TL grünes Pesto (Glas)

1 Fleisch waschen, trocken tupfen und in Streifen schneiden. Zwiebeln schälen, grob würfeln. Paprika putzen, waschen und in Streifen schneiden.

2 1 EL Öl in einer großen Pfanne (mit Deckel) erhitzen. Fleisch darin rundherum kräftig anbraten. Mit Salz und Pfeffer würzen, herausnehmen. 1 EL Öl im Bratfett erhitzen. Zwiebeln und Paprika darin anbraten. Mit Salz und Pfeffer würzen.

3 Fleisch wieder in die Pfanne geben. Ca. ⅛ l Wasser angießen, aufkochen und zugedeckt ca. 5 Minuten schmoren. Crème fraîche und Pesto unterrühren. Geschnetzeltes nochmals abschmecken und anrichten. Dazu schmeckt Baguette.

ZUBEREITUNGSZEIT ca. 25 Min.
PORTION ca. 270 kcal
E 26 g · F 14 g · KH 8 g

Hähnchenstreifen mit Paprika & Zuckerschoten

ZUTATEN FÜR 4 PERSONEN
- ♥ 200 g Basmatireis ♥ Salz
- ♥ 2 Paprikaschoten (z. B. rot und gelb)
- ♥ 200 g Zuckerschoten oder TK-Erbsen
- ♥ 1 mittelgroße Zwiebel
- ♥ 1 Stück (ca. 3 cm) frischer Ingwer
- ♥ 500 g Hähnchenfilet
- ♥ 4 EL Öl ♥ Pfeffer
- ♥ 5 EL Sojasoße

1 Reis in kochendem Salzwasser nach Packungsanweisung garen. Paprika putzen, waschen und in Streifen schneiden. Zuckerschoten putzen, waschen und halbieren. Zwiebel und Ingwer schälen, hacken.

2 Fleisch waschen, trocken tupfen und in Streifen schneiden. 2 EL Öl in einer Pfanne erhitzen. Fleisch darin ca. 5 Minuten anbraten. Mit Salz und Pfeffer würzen und herausnehmen.

3 2 EL Öl im Bratfett erhitzen. Paprika und Zwiebeln darin kräftig anbraten. Zuckerschoten und Ingwer zufügen, kurz mitbraten. 150 ml Wasser und Sojasoße zufügen, aufkochen. Fleisch wieder zufügen. Alles 5 Minuten köcheln. Geschnetzeltes mit Salz und Pfeffer abschmecken. Alles anrichten.

ZUBEREITUNGSZEIT ca. 30 Min.
PORTION ca. 440 kcal
E 36 g · F 10 g · KH 49 g

Kasseler-Ananas-Curry

ZUTATEN FÜR 4 PERSONEN

- ♥ 200 g Reis
- ♥ Salz
- ♥ 500 g ausgelöstes Kasselerkotelett
- ♥ ½ frische Ananas (ca. 700 g)
- ♥ 2 Stangen Porree (ca. 500 g)
- ♥ 2 EL Öl
- ♥ 1 gestrichener EL Mehl
- ♥ 2 TL Curry
- ♥ 1 TL klare Brühe (instant)
- ♥ 2–3 Stiele Thymian
- ♥ 6–8 EL Asiasoße

1 Reis in kochendem Salzwasser nach Packungsanweisung garen. Fleisch waschen, trocken tupfen und in Würfel schneiden. Ananas schälen, in Spalten schneiden und den holzigen Strunk entfernen. Fruchtfleisch in Stücke schneiden. Porree putzen, waschen und in Ringe schneiden.

2 Öl erhitzen. Kasseler darin unter Wenden anbraten. Porree und Ananas zufügen und ca. 5 Minuten mitbraten. Mehl und Curry darüberstäuben, kurz anschwitzen. 300 ml Wasser einrühren, aufkochen. Brühe zufügen. Zugedeckt ca. 10 Minuten schmoren.

3 Thymian waschen, Blättchen von den Stielen zupfen. Thymian und Asiasoße zum Kasseler geben. Alles mit Salz und Curry abschmecken. Kasselercurry und Reis anrichten.

ZUBEREITUNGSZEIT ca. 30 Min.
PORTION ca. 440 kcal
E 28 g · F 5 g · KH 67 g

SCHNELL AUS DEM VORRAT

Frische Ananas können Sie gut durch Ananasstücke aus der Dose (580 ml) ersetzen. Mit Aprikosen schmeckt das Curry ebenfalls.

Hähnchenragout mit Senf zu Schnittlauchpüree

ZUTATEN FÜR 4 PERSONEN

- ♥ 600 g Hähnchenfilet
- ♥ 500 g Champignons
- ♥ 1 Bund Lauchzwiebeln
- ♥ 3 EL Öl ♥ Salz ♥ Pfeffer
- ♥ 1 gehäufter EL Mehl
- ♥ 150 g Schlagsahne
- ♥ 1 TL Hühnerbrühe (instant)
- ♥ 2 EL mittelscharfer Senf
- ♥ 1 Bund Schnittlauch
- ♥ 150 ml Milch ♥ 1 EL Butter
- ♥ 1 Beutel (3 Portionen) Kartoffelpüreeflocken

1 Filet waschen, trocken tupfen und in Streifen schneiden. Champignons und Lauchzwiebeln putzen, waschen und in Scheiben bzw. Ringe schneiden.

2 1 EL Öl in einer beschichteten Pfanne erhitzen. Fleisch darin unter Wenden ca. 3 Minuten anbraten. Mit Salz und Pfeffer würzen, herausnehmen. 2 EL Öl im Bratfett erhitzen. Pilze und Lauchzwiebeln darin kräftig anbraten. Mit Salz und Pfeffer würzen. Mehl darüberstäuben und hell anschwitzen. ¼ l Wasser, Sahne und Brühe einrühren, aufkochen. Fleisch zufügen und alles ca. 5 Minuten köcheln. Senf einrühren. Ragout mit Salz und Pfeffer abschmecken.

3 Schnittlauch waschen und in feine Röllchen schneiden. 350 ml Wasser und ½ TL Salz aufkochen. Vom Herd ziehen. 150 ml Milch und Butter zugeben. Püreeflocken einrühren. Ca. 1 Minute quellen lassen und Schnittlauch unterrühren. Alles anrichten.

ZUBEREITUNGSZEIT ca. 30 Min.
PORTION ca. 510 kcal
E 42 g · F 25 g · KH 27 g

162

Geschnetzeltes in Tomatensahne

ZUTATEN FÜR 4 PERSONEN

- ♥ 250 g Wildreismischung
- ♥ Salz ♥ Pfeffer
- ♥ 1 Dose (212 ml) Maiskörner
- ♥ 1 Zwiebel
- ♥ 250 g Brokkoli
- ♥ 2 rote Paprikaschoten
- ♥ 3 Putenschnitzel (ca. 500 g)
- ♥ 3 EL Öl
- ♥ 150 g Tomatenketchup (Flasche)
- ♥ 100 g Schlagsahne

1 Wildreismischung in Salzwasser nach Packungsanweisung garen. Mais abtropfen lassen. Zwiebel schälen, hacken. Brokkoli putzen, waschen und in kleine Röschen teilen. Paprika putzen, waschen und würfeln.

2 Schnitzel waschen, trocken tupfen, aufeinanderlegen und in Streifen schneiden. 2 EL Öl in einer großen Pfanne erhitzen. Fleisch darin rundherum ca. 5 Minuten anbraten. Mit Salz und Pfeffer würzen, herausnehmen.

3 1 EL Öl im Bratfett erhitzen. Gesamtes Gemüse darin anbraten. Mit Salz und Pfeffer würzen. ⅛ l Wasser, Ketchup und Sahne einrühren, aufkochen. Fleisch zufügen und alles ca. 3 Minuten köcheln. Geschnetzeltes abschmecken und mit Wildreismischung anrichten.

ZUBEREITUNGSZEIT ca. 20 Min.
PORTION ca. 650 kcal
E 43 g · F 24 g · KH 62 g

Rindfleischstreifen in Mascarponesoße

ZUTATEN FÜR 4 PERSONEN

- ♥ Salz ♥ 1 Zwiebel
- ♥ 150 g Zuckerschoten oder TK-Erbsen
- ♥ 2–3 Stiele Kerbel oder Petersilie
- ♥ 500 g Rindersteak (z. B. Huftsteaks)
- ♥ 400 g feine Bandnudeln
- ♥ 2 EL Öl ♥ Pfeffer
- ♥ 1 EL Mehl
- ♥ ⅛ l trockener Weißwein
- ♥ 1 TL klare Brühe (instant)
- ♥ 100 g Mascarpone

1 Reichlich Salzwasser aufkochen. Inzwischen Zwiebel schälen und fein würfeln. Zuckerschoten putzen, waschen und in Streifen schneiden. Kerbel waschen, Blättchen abzupfen. Fleisch waschen, trocken tupfen und in Streifen schneiden.

2 Nudeln im kochenden Wasser nach Packungsanweisung bissfest garen. Öl in einer Pfanne erhitzen. Fleisch darin kräftig anbraten. Mit Salz und Pfeffer würzen, herausnehmen.

3 Zwiebel im heißen Bratfett glasig dünsten. Mehl darüberstäuben und hell anschwitzen. 350 ml Wasser und Wein einrühren, aufkochen und Brühe einrühren. Zuckerschoten zufügen und ca. 3 Minuten köcheln. Mascarpone und Kerbel in die Soße rühren. Abschmecken und Fleisch in der Soße erhitzen. Nudeln abgießen und mit dem Geschnetzelten anrichten.

ZUBEREITUNGSZEIT ca. 30 Min.
PORTION ca. 700 kcal
E 41 g · F 20 g · KH 81 g

Feines Fischragout mit Garnelen

ZUTATEN FÜR 4 PERSONEN

- ♥ 1 Zwiebel
- ♥ 2 Knoblauchzehen
- ♥ 4 Stiele Thymian
- ♥ 3 EL Butter
- ♥ ¼ l trockener Weißwein
- ♥ 400 ml Fischfond (Glas)
- ♥ 1 Lorbeerblatt
- ♥ 2–3 Möhren
- ♥ 1 Stange Stangensellerie (ca. 100 g)
- ♥ 200 g Champignons
- ♥ 800 g Fischfilet (z. B. Seelachs, Kabeljau oder Lengfisch)
- ♥ 8 rohe Garnelen (à ca. 20 g; ohne Kopf und Schale)
- ♥ 200 g Crème fraîche
- ♥ Salz ♥ Pfeffer
- ♥ 1 EL Öl

1 Zwiebel und Knoblauch schälen und fein würfeln. Thymian waschen, Blättchen abzupfen. Butter erhitzen. Zwiebel und Knoblauch darin andünsten. Mit Wein und Fond ablöschen, aufkochen und Lorbeer zufügen. Zugedeckt ca. 10 Minuten köcheln.

2 Inzwischen Möhren und Sellerie schälen bzw. putzen, waschen und fein schneiden. Pilze putzen, waschen und halbieren. Fisch waschen, trocken tupfen und in Stücke schneiden. Garnelen waschen und trocken tupfen.

3 Möhren und Sellerie in den Fond geben und ca. 5 Minuten garen. Crème fraîche einrühren. Soße mit Salz und Pfeffer abschmecken. Fisch zufügen und ca. 8 Minuten bei schwacher Hitze gar ziehen lassen.

4 1 EL Öl in einer Pfanne erhitzen. Garnelen darin pro Seite 2 Minuten braten. Mit zum Fischragout geben. Pilze im heißen Bratfett kräftig anbraten. Mit Salz und Pfeffer würzen und ebenfalls zum Fischragout geben. Dazu passt geröstetes Knoblauchbaguette.

ZUBEREITUNGSZEIT ca. 30 Min.
PORTION ca. 530 kcal
E 50 g · F 30 g · KH 6 g

Filetgeschnetzeltes in Noilly-Prat-Sahne

ZUTATEN FÜR 4 PERSONEN

- ♥ 750 g Kartoffeln ♥ Salz
- ♥ 2 Möhren
- ♥ 150 g Zuckerschoten oder TK-Erbsen
- ♥ 3 Lauchzwiebeln
- ♥ 250 g Shiitakepilze oder rosa Champignons
- ♥ 500 g Schweinefilet
- ♥ 2 EL Öl ♥ Pfeffer ♥ Edelsüßpaprika
- ♥ 150 g Schlagsahne
- ♥ 1 TL Gemüsebrühe (instant)
- ♥ 2–3 EL Soßenbinder
- ♥ 3–4 EL Noilly Prat (französischer Weinaperitif) oder trockener Wermut

1 Kartoffeln schälen, waschen und in Salzwasser zugedeckt ca. 20 Minuten kochen. Inzwischen Möhren, Zuckerschoten und Lauchzwiebeln schälen bzw. putzen und waschen. Möhren in Scheiben, Lauchzwiebeln und Zuckerschoten fein schneiden. Pilze putzen, waschen und halbieren. Fleisch waschen, trocken tupfen und in Streifen schneiden.

2 Öl erhitzen. Fleisch darin anbraten. Mit Salz, Pfeffer und Edelsüßpaprika würzen, herausnehmen. Pilze im heißen Bratfett anbraten. Möhren und Lauchzwiebeln zufügen und mitbraten. Alles würzen. ¼ l Wasser, Sahne und Brühe einrühren, aufkochen. Zuckerschoten zufügen und alles zugedeckt ca. 5 Minuten garen.

3 Fleisch wieder zufügen. Soße mit Soßenbinder binden. Geschnetzeltes mit Salz, Pfeffer, Paprika und Noilly Prat abschmecken. Kartoffeln abgießen. Alles anrichten.

ZUBEREITUNGSZEIT ca. 30 Min.
PORTION ca. 460 kcal
E 35 g · F 20 g · KH 34 g

Leberkäseragout mit Bratkartoffeln

ZUTATEN FÜR 4 PERSONEN

- ♥ 750 g große Kartoffeln ♥ 3 EL Öl
- ♥ 2 Zwiebeln
- ♥ 2 Paprikaschoten (z. B. grün und gelb)
- ♥ 500 g Leberkäse oder Fleischwurst
- ♥ 1 Dose (850 ml) Tomaten
- ♥ Salz ♥ Pfeffer
- ♥ 4 Stiele Oregano oder
  ½ TL getrockneter Oregano
- ♥ 2 TL Kapern (Glas)

1 Kartoffeln schälen, waschen und in dünne Scheiben schneiden. 2 EL Öl in einer großen beschichteten Pfanne mit Deckel erhitzen. Kartoffeln darin zugedeckt bei mittlerer Hitze ca. 12 Minuten braten.

2 Inzwischen Zwiebeln schälen und hacken. Paprika putzen, waschen und in Streifen schneiden. Leberkäse ebenfalls in Streifen schneiden. 1 EL Öl erhitzen. Leberkäse darin kräftig anbraten, herausnehmen. Paprika und Hälfte Zwiebeln im heißen Bratfett anbraten. Tomaten samt Saft angießen. Tomaten mit dem Pfannenwender grob zerkleinern. Alles aufkochen. Mit Salz und Pfeffer würzen. Zugedeckt 3–4 Minuten köcheln.

3 Übrige Zwiebeln zu den Kartoffeln geben. Offen weitere ca. 8 Minuten knusprig braten. Mit Salz und Pfeffer würzen. Oregano waschen, Blättchen abzupfen, hacken. Mit Leberkäse und Kapern in der Soße erhitzen. Ragout abschmecken und mit den Bratkartoffeln anrichten.

ZUBEREITUNGSZEIT ca. 30 Min.
PORTION ca. 510 kcal
E 19 g · F 33 g · KH 30 g

Minirouladen „andaluz"

ZUTATEN FÜR 4 PERSONEN

- ♥ 12 dünne Scheiben Rumpsteak (à ca. 50 g)
- ♥ Salz ♥ Pfeffer
- ♥ 6 dünne Scheiben Serranoschinken
- ♥ 4 Lauchzwiebeln
- ♥ 2 Zwiebeln
- ♥ 1 Knoblauchzehe
- ♥ 2 Zweige Rosmarin
- ♥ 1 Dose (425 ml) große weiße Bohnenkerne
- ♥ 250 g Kirschtomaten
- ♥ 3 EL Olivenöl
- ♥ 1 EL Tomatenmark
- ♥ 5 EL trockener Sherry
- ♥ evtl. Holzspießchen

1 Steaks nebeneinanderlegen und mit Küchenpapier trocken tupfen. Mit Salz und Pfeffer würzen. Schinken längs halbieren und auf dem Fleisch verteilen. Lauchzwiebeln putzen, waschen und in jeweils 3 Stücke schneiden. Steaks damit belegen und fest aufrollen. Evtl. feststecken.

2 Zwiebeln und Knoblauch schälen, fein hacken. Rosmarin waschen, Nadeln abzupfen. Bohnen abspülen und abtropfen lassen. Tomaten waschen und halbieren.

3 Öl in einer großen Pfanne erhitzen. Röllchen darin rundherum kräftig anbraten. Mit Salz und Pfeffer würzen, herausnehmen. Zwiebeln, Knoblauch und Rosmarin im heißen Bratfett andünsten. Tomatenmark zufügen, kurz anschwitzen. Tomaten und Bohnen zugeben, würzen. Röllchen zufügen und alles zugedeckt ca. 10 Minuten schmoren. Soße mit Sherry, Salz und Pfeffer abschmecken. Dazu schmeckt Baguette.

ZUBEREITUNGSZEIT ca. 30 Min.
PORTION ca. 360 kcal
E 36 g · F 15 g · KH 15 g

Wenn noch mehr Gäste kommen, lassen sich die Rezepte bestens verdoppeln. Das Gratin (Seite 171) dann in einer großen Form oder auf der Fettpfanne zubereiten. Röllchen (Seite 174), Suppe (Seite 176) und Remoulade (Seite 177) können Sie gut vorbereiten.

Steaks mit Tortillakruste & Peperonireis

ZUTATEN FÜR 4 PERSONEN
- ♥ 200 g Langkornreis ♥ Salz
- ♥ 2 EL Öl
- ♥ 4 Huftsteaks (à ca. 200 g)
- ♥ Pfeffer
- ♥ 1 Packung (370 g) stückige Tomaten (gewürzt; mit Kräutern)
- ♥ 60 g Tortillachips
- ♥ 100 g geriebener Emmentaler
- ♥ 125 g milde grüne Peperoni (Glas)

1 Backofen vorheizen (E-Herd: 200 °C/ Umluft: 175 °C/Gas: s. Hersteller). Reis in kochendem Salzwasser nach Packungsanweisung garen.

2 Öl in einer Pfanne erhitzen. Steaks darin von jeder Seite ca. 1 Minute kräftig anbraten. Mit Salz und Pfeffer würzen und in eine Auflaufform legen. Tomaten und Tortillachips darauf verteilen. Käse darüberstreuen.

3 Steaks im heißen Backofen ca. 8 Minuten überbacken, bis der Käse geschmolzen ist. Peperoni abtropfen lassen, in Ringe schneiden und unter den Reis mischen. Steaks und Peperonireis anrichten.

ZUBEREITUNGSZEIT ca. 25 Min.
PORTION ca. 690 kcal
E 63 g · F 20 g · KH 59 g

Fertig in
25
Minuten

Hähnchengratin mit Tomaten

ZUTATEN FÜR 6 PERSONEN

- ♥ 6 große Hähnchenfilets (à ca. 200 g)
- ♥ 12 Scheiben Frühstücksspeck
- ♥ 2 Zwiebeln
- ♥ 300 g Kirschtomaten
- ♥ 4 EL Olivenöl
- ♥ Salz ♥ Pfeffer
- ♥ 2 Dosen (à 425 ml) stückige Tomaten
- ♥ 2 TL getrockneter Oregano
- ♥ Zucker
- ♥ 150 g geriebener Gouda

1 Backofen vorheizen (E-Herd: 250 °C/Umluft: 225 °C/Gas: s. Hersteller). Fleisch waschen, trocken tupfen und quer halbieren. Jeweils mit 1 Speckscheibe umwickeln. Zwiebeln schälen, halbieren und in Ringe schneiden. Kirschtomaten waschen.

2 Öl in einer Pfanne erhitzen. Fleisch darin rundum ca. 5 Minuten kräftig anbraten. Mit Salz und Pfeffer würzen, herausnehmen. Zwiebeln im heißen Bratfett kurz andünsten. Kirschtomaten ca. 2 Minuten mitdünsten. Stückige Tomaten, ⅛ l Wasser und Oregano zufügen, aufkochen. Mit Salz, Pfeffer und Zucker würzen. Alles ca. 3 Minuten köcheln.

3 Tomatensoße und Fleisch in eine große flache Auflaufform geben und mit Käse bestreuen. Im heißen Ofen ca. 10 Minuten gratinieren. Dazu schmeckt frisches Ciabatta.

ZUBEREITUNGSZEIT ca. 30 Min.
PORTION ca. 500 kcal
E 57 g · F 25 g · KH 9 g

Spaghetti in Wodka-soße mit Steakstreifen

ZUTATEN FÜR 4 PERSONEN

- ♥ Salz ♥ 300 g Brokkoli
- ♥ 1 große Zwiebel
- ♥ 750 g Strauchtomaten
- ♥ 3 EL Olivenöl
- ♥ 4–5 EL Wodka
- ♥ Pfeffer ♥ Zucker
- ♥ 400 g Spaghetti
- ♥ 400 g Rumpsteak
- ♥ 5 EL Schlagsahne
- ♥ 30 g Parmesan (Stück)

1 Reichlich Salzwasser aufkochen. Brokkoli putzen, waschen und in kleine Röschen teilen. In etwas kochendem Salzwasser ca. 5 Minuten garen. Zwiebel schälen und in Spalten schneiden. Tomaten waschen und grob würfeln. Brokkoli abtropfen lassen.

2 1 EL Öl erhitzen. Zwiebel darin kräftig anbraten. Mit Wodka ablöschen und aufkochen. Tomaten zufügen. Mit Salz, Pfeffer und 1 Prise Zucker würzen. Soße ca. 10 Minuten offen köcheln.

3 Nudeln im kochenden Salzwasser nach Packungsanweisung garen. Steak trocken tupfen und den Fettrand abschneiden. Steak in sehr dünne Streifen schneiden. 2 EL Öl in einer großen Pfanne erhitzen. Steakstreifen darin unter Wenden kräftig braten. Mit Salz und Pfeffer würzen.

4 Sahne zu der Tomatensoße geben, aufkochen. Brokkoli zufügen und kurz erhitzen. Nudeln abgießen und wieder in den Topf geben. Soße abschmecken, mit den Nudeln mischen und mit den Steakstreifen anrichten. Parmesan mit dem Sparschäler darüberhobeln.

ZUBEREITUNGSZEIT ca. 30 Min.
PORTION ca. 640 kcal
E 38 g · F 16 g · KH 82 g

Curryschnitzel mit Spinat

ZUTATEN FÜR 4 PERSON

- ♥ 200 g Basmatireis
- ♥ Salz
- ♥ 800 g junger Blattspinat
- ♥ ½–1 kleine rote Chilischote
- ♥ 4 Putenschnitzel (ca. 600 g)
- ♥ 2 EL Kokosraspel
- ♥ 2 EL Öl ♥ Pfeffer
- ♥ 2–3 TL Curry
- ♥ 200 g Sahnejoghurt

1 Reis in kochendem Salzwasser nach Packungsanweisung garen. Spinat putzen, waschen und gut abtropfen lassen. Chilischote putzen, entkernen, waschen und in Ringe schneiden.

2 Schnitzel waschen, trocken tupfen und jeweils in 2–3 Stücke schneiden. Kokosraspel in einer beschichteten Pfanne ohne Fett goldbraun rösten. Herausnehmen. Öl in der Pfanne erhitzen. Fleisch darin von jeder Seite ca. 2 Minuten braten. Mit Salz, Pfeffer und etwas Curry würzen. Mit Kokosraspeln bestreuen.

3 1 EL Öl im Bratfett erhitzen. Zwiebel darin andünsten. Spinat tropfnass zufügen und zusammenfallen lassen. Chili und 1–2 TL Curry zufügen, kurz anschwitzen. 5 EL Wasser und Joghurt einrühren, nicht aufkochen! Fleisch auf den Spinat legen und mit Kokosraspeln bestreuen. Abschmecken und mit Reis anrichten.

ZUBEREITUNGSZEIT ca. 30 Min.
PORTION ca. 490 kcal
E 47 g · F 15 g · KH 43 g

Hähnchen in Pfifferlingsrahm

ZUTATEN FÜR 4 PERSONEN

- ♥ Salz ♥ 1 Zwiebel
- ♥ 4 Hähnchenfilets (ca. 500 g)
- ♥ Pfeffer
- ♥ 400 g Nudeln (z. B. Orecchiette oder Penne)
- ♥ 2 EL Butterschmalz
- ♥ 75 g Schinkenwürfel
- ♥ 300 g TK-Pfifferlinge
- ♥ 1 gehäufter EL Mehl
- ♥ 200 ml Milch
- ♥ 200 g Schlagsahne
- ♥ 3 Stiele glatte Petersilie

1 Reichlich Salzwasser aufkochen. Zwiebel schälen und würfeln. Fleisch waschen, trocken tupfen und mit Salz und Pfeffer würzen. Nudeln im kochenden Salzwasser nach Packungsanweisung garen.

2 Inzwischen 1 EL Butterschmalz in einer Pfanne erhitzen. Filets darin rundherum ca. 6 Minuten braten. Herausnehmen. 1 EL Butterschmalz im Bratfett erhitzen. Schinkenwürfel darin anbraten. Zwiebel und gefrorene Pfifferlinge zufügen und kräftig anbraten. Mit Salz und Pfeffer würzen. Mehl darüberstäuben und hell anschwitzen. Milch und Sahne einrühren, aufkochen. Filets in die Soße legen und zugedeckt ca. 5 Minuten köcheln. Mit Salz und Pfeffer abschmecken.

3 Petersilie waschen, in feine Streifen schneiden und in die Soße rühren. Soße nochmals abschmecken. Nudeln abtropfen lassen. Alles anrichten.

ZUBEREITUNGSZEIT ca. 30 Min.
PORTION ca. 670 kcal
E 42 g · F 27 g · KH 60 g

AUCH SCHNELL

Sie können für die Soße natürlich auch Pfifferlinge aus Glas oder Dose nehmen. Diese dann aber sehr gut abtropfen lassen und mit Küchenpapier abtupfen. Lecker schmecken auch gemischte Waldpilze.

Schnitzeltaschen mit Camembert

ZUTATEN FÜR 4 PERSONEN

- ♥ 100 g Camembert
- ♥ 4 dicke Schweineschnitzel (à ca. 175 g)
- ♥ 2 TL Wildpreiselbeeren (Glas)
- ♥ 1 Ei (Gr. M)
- ♥ Salz ♥ Pfeffer
- ♥ 2–3 EL Mehl
- ♥ ca. 6 EL Semmelbrösel
- ♥ 6 EL Öl
- ♥ 150 g Feldsalat
- ♥ 3 Tomaten
- ♥ 3 EL Weißweinessig ♥ Zucker
- ♥ Holzspießchen

1 Camembert in Scheiben oder kleine Würfel schneiden. Schnitzel waschen und trocken tupfen. Mit einem scharfen Messer in jedes Schnitzel eine Tasche hineinschneiden. Camembert und je ½ TL Preiselbeeren in die Schnitzel füllen. Mit Holzspießchen zustecken.

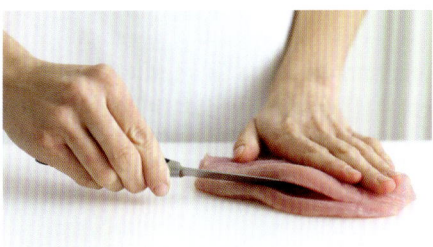

2 Ei, 2 EL Wasser, Salz und Pfeffer verquirlen. Schnitzel würzen. Zuerst im Mehl, dann im Ei und zuletzt in den Semmelbröseln wenden. Panade an-

drücken. 3 EL Öl in einer beschichteten Pfanne erhitzen. Schnitzel darin bei mittlerer Hitze pro Seite ca. 5 Minuten goldbraun braten.

3 Inzwischen Salat putzen, waschen und trocken schütteln. Tomaten waschen und vierteln. Essig, Salz, Pfeffer und 1 Prise Zucker verrühren. 3 EL Öl darunterschlagen. Salatzutaten und Marinade mischen. Mit den Schnitzeln anrichten.

ZUBEREITUNGSZEIT ca. 30 Min.
PORTION ca. 540 kcal
E 50 g · F 27 g · KH 20 g

Gyros-Tomatensuppe

ZUTATEN FÜR 8 PERSONEN
- ♥ 2 mittelgroße Zwiebeln
- ♥ 2 Knoblauchzehen
- ♥ 3 EL Öl
- ♥ 1 kg fertiges Gyrosfleisch (Fleischtheke)
- ♥ 3 EL Tomatenmark
- ♥ 2 EL Mehl
- ♥ 2 Dosen (à 850 ml) Tomaten
- ♥ 2 TL klare Brühe (instant)
- ♥ Salz ♥ Pfeffer ♥ Zucker
- ♥ 2–3 TL getrockneter Oregano
- ♥ 400 g fertiger Tsatsiki (Kühlregal)

1 Zwiebeln und Knoblauch schälen. Zwiebeln halbieren und in Scheiben schneiden. Knoblauch fein hacken. 2 EL Öl in einem Topf erhitzen. Gyros darin unter Wenden kräftig anbraten, herausnehmen.

2 1 EL Öl im Topf erhitzen. Zwiebel und Knoblauch darin andünsten. Tomatenmark und Mehl kurz mit andünsten. Tomaten samt Saft, ½ l Wasser und Brühe einrühren, aufkochen. Tomaten etwas zerkleinern. Mit Salz, Pfeffer, Zucker und Oregano würzen. Suppe zugedeckt ca. 15 Minuten köcheln.

3 Tomatensuppe leicht pürieren. Gyros zufügen, aufkochen und ca. 5 Minuten köcheln. Suppe nochmals abschmecken.

Mit je 1 Klecks Tsatsiki anrichten, Rest dazu reichen. Dazu passt Ciabatta.

ZUBEREITUNGSZEIT ca. 30 Min.
PORTION ca. 370 kcal
E 32 g · F 20 g · KH 12 g

PRIMA FÜR DIE PARTY

Diese schnelle Gyros-Tomatensuppe können Sie auch als scharfe Variante zu Mitternacht servieren. Einfach mit Sambal Oelek abschmecken und nach Belieben mit roten Bohnen aus der Dose ergänzen.

Roastbeef mit Rucola-Remoulade

ZUTATEN FÜR 6 PERSONEN

- ♥ 1,5 kg neue Kartoffeln
- ♥ 3 Eier (Gr. M)
- ♥ je 5 Stiele Dill und Petersilie
- ♥ 1 Bund Schnittlauch
- ♥ 75 g Rucola
- ♥ 1 Beet Kresse
- ♥ 500 g Joghurt
- ♥ 150 g saure Sahne
- ♥ 6 EL Salatmayonnaise
- ♥ 3 TL mittelscharfer Senf
- ♥ Salz ♥ Pfeffer
- ♥ 600 g Roastbeefaufschnitt

1 Kartoffeln gründlich waschen und zugedeckt ca. 20 Minuten kochen. Eier hart kochen. Anschließend abschrecken und schälen.

2 Dill, Petersilie und Schnittlauch waschen, trocken schütteln und sehr fein schneiden. Rucola verlesen, waschen und fein hacken. Kresse abspülen und vom Beet schneiden.

3 Eier fein hacken. Joghurt, saure Sahne und Mayonnaise verrühren. Mit Senf, Salz und Pfeffer würzig abschmecken. Kräuter und Eier unterheben. Kartoffeln abgießen und nach Belieben schälen. Mit Roastbeefaufschnitt und Remoulade anrichten.

ZUBEREITUNGSZEIT ca. 30 Min.
PORTION ca. 630 kcal
E 36 g · F 34 g · KH 42 g

RUCK, ZUCK GEWÜRFELT
Die gekochten Eier in einem Eierschneider zerkleinern: Einfach einmal längs und einmal quer hineinlegen.

Sahnebutterkuchen mit Beeren

ZUTATEN FÜR CA. 20 STÜCKE
- ♥ Fett und Semmelbrösel für die Fettpfanne
- ♥ 250 g Schlagsahne ♥ 4 Eier (Gr. M)
- ♥ 250 g + 75 g Zucker
- ♥ 1 Päckchen Vanillezucker
- ♥ Salz ♥ 375 g Mehl
- ♥ 1 Päckchen Backpulver
- ♥ 100 g Butter
- ♥ 1 kg gemischte TK-Beeren
- ♥ 3 EL Mandelblättchen
- ♥ Puderzucker zum Bestäuben

1 Backofen vorheizen (E-Herd: 175 °C/Umluft: 150 °C/Gas: s. Hersteller). Fettpfanne (ca. 32 x 39 cm; mind. 3,5 cm tief) fetten und mit Semmelbröseln ausstreuen.

2 Sahne, Eier, 250 g Zucker, Vanillezucker und 1 Prise Salz mit den Schneebesen des Rührgerätes cremig rühren. Mehl und Backpulver mischen, portionsweise kurz unterrühren. Teig auf die Fettpfanne streichen. Im heißen Ofen ca. 10 Minuten vorbacken.

3 Butter schmelzen. Kuchen aus dem Ofen nehmen. Gefrorene Beeren darauf verteilen. Butter darübergießen. Mit 75 g Zucker und Mandeln bestreuen. Kuchen sofort bei gleicher Temperatur ca. 30 Minuten weiterbacken. Kuchen auskühlen lassen und mit Puderzucker bestäuben.

ZUBEREITUNGSZEIT ca. 1 Std.
STÜCK ca. 260 kcal
E 5 g · F 11 g · KH 34 g

Ofenfertig in
20
Minuten

Feine Zitronentarte

ZUTATEN FÜR CA. 12 STÜCKE

- ♥ Fett und Mehl für die Form
- ♥ 100 g weiche Butter
- ♥ 100 g Zucker
- ♥ 1 Päckchen Vanillezucker
- ♥ Salz ♥ 2 Eier (Gr. M)
- ♥ 150 g Mehl
- ♥ 40 g Speisestärke
- ♥ ½ Päckchen Backpulver
- ♥ 3–4 EL Zitronensaft
- ♥ 3 EL (ca. 75 g) Lemon Curd (englische Zitronencreme; Glas)
- ♥ 75 g Puderzucker
- ♥ 1 kleiner Gefrierbeutel

1 Backofen vorheizen (E-Herd: 175 °C/ Umluft: 150 °C/Gas: s. Hersteller). Eine runde (26 cm Ø) oder rechteckige (ca. 20 x 28 cm) Tarteform mit Hebeboden fetten und mit Mehl ausstäuben.

2 Butter, Zucker, Vanillezucker und 1 Prise Salz mit den Schneebesen des Rührgerätes cremig rühren. Eier einzeln unterrühren. Mehl, Stärke und Backpulver mischen und im Wechsel mit 2 EL Zitronensaft und Lemon Curd kurz unterrühren. In die Form streichen. Im heißen Ofen ca. 25 Minuten backen. Kuchen etwas abkühlen lassen.

3 Puderzucker und 1–2 EL Zitronensaft glatt rühren. In einen Gefrierbeutel füllen und unten eine kleine Ecke abschneiden. Kuchen damit in Streifen verzieren und trocknen lassen.

ZUBEREITUNGSZEIT ca. 45 Min. + Wartezeit
STÜCK ca. 210 kcal
E 3 g · F 9 g · KH 29 g

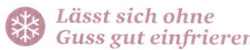

❄ *Lässt sich ohne Guss gut einfrieren*

Ofenfertig in **20** Minuten

Mandarinen-käsekuchen mit Kokosrand

ZUTATEN FÜR CA. 12 STÜCKE

- ♥ Fett und ca. 75 g Kokosraspel für die Form
- ♥ 100 g Butter
- ♥ 2 Dosen (à 314 ml) Mandarinen
- ♥ 1 kg Magerquark
- ♥ 4 Eier (Gr. M)
- ♥ 4 EL Weichweizengrieß
- ♥ 1 Päckchen Vanillepuddingpulver
- ♥ 200 g Zucker
- ♥ 2 Päckchen Vanillezucker
- ♥ Salz
- ♥ 2 TL Backpulver
- ♥ abgeriebene Schale und Saft von 1 Bio-Zitrone

1 Backofen vorheizen (E-Herd: 175 °C/ Umluft: 150 °C/Gas: s. Hersteller). Eine Springform (26 cm Ø; ca. 8 cm hoch) fetten und mit Kokosraspeln ausstreuen. Butter schmelzen, etwas abkühlen lassen. Mandarinen gut abtropfen lassen.

2 Quark, Eier, Grieß, Puddingpulver, Zucker, Vanillezucker, 1 Prise Salz, Backpulver, Zitronenschale und -saft mit den Schneebesen des Rührgerätes verrühren. Flüssige Butter unterrühren. Mandarinen, bis auf 2 EL, vorsichtig unterheben.

3 Käsemasse in die Form füllen und glatt streichen. Übrige Mandarinen darauf verteilen. Im heißen Backofen ca. 1 Stunde backen. Käsekuchen in der Springform auskühlen lassen. Dazu schmeckt Schlagsahne.

ZUBEREITUNGSZEIT ca. 1 ¼ Std. + Wartezeit mind. 4 Std.
STÜCK ca. 340 kcal
E 15 g · F 13 g · KH 39 g

RUCK, ZUCK IM OFEN

Käsekuchen ohne Boden ist fix angerührt. Sie können ihn auch ganz einfach variieren. Statt mit Mandarinen schmeckt er auch mit Aprikosen, gemischten TK-Beeren oder Kirschen lecker. In jedem Fall sollten Sie ihn rechtzeitig backen, da er sich am besten schneiden lässt, wenn er vollständig ausgekühlt ist.

❄ *Lässt sich gut einfrieren*

Ofenfertig in
15
Minuten

20 MIN

Becher-Kirschkuchen mit Vanillejoghurt

ZUTATEN FÜR CA. 16 STÜCKE

- ♥ Fett und Mehl für die Form
- ♥ 1 Glas (720 ml) Kirschen
- ♥ 1 Becher (150 g) Vanillejoghurt
- ♥ 3 Eier (Gr. M)
- ♥ Saft von ½ Zitrone
- ♥ 2 Becher (ca. 300 g) Zucker
- ♥ 1 Päckchen Vanillezucker
- ♥ 2 Becher (ca. 300 ml) neutrales Öl
- ♥ 4 Becher (ca. 425 g) Mehl
- ♥ 1 Päckchen Backpulver
- ♥ 2–3 EL Mandelblättchen
- ♥ Puderzucker zum Bestäuben
- ♥ evtl. Alufolie

1 Backofen vorheizen (E-Herd: 175 °C/ Umluft: 150 °C/Gas: s. Hersteller). Eine Springform (26 cm Ø) fetten und mit Mehl ausstäuben. Kirschen gut abtropfen lassen. Joghurt in eine Rührschüssel geben. Den Joghurtbecher auswaschen, abtrocknen und weiter als Messbecher verwenden.

2 Eier, Zitronensaft, Zucker, Vanillezucker und Öl zum Joghurt geben. Mit den Schneebesen des Rührgerätes verrühren. Mehl und Backpulver mischen und portionsweise kurz unterrühren. Teig in die Form streichen. Hälfte der Kirschen auf dem Kuchen verteilen und ca. 1 cm tief eindrücken. Die übrigen Kirschen daraufstreuen.

3 Kuchen im heißen Ofen zunächst ca. 30 Minuten backen. Mit Mandelblättchen bestreuen und bei gleicher Temperatur ca. 25 Minuten weiterbacken.

Evtl. mit Alufolie abdecken. Herausnehmen und vom Rand lösen. Kuchen auskühlen lassen. Mit Puderzucker bestäuben.

ZUBEREITUNGSZEIT ca. 1 ¼ Std.
STÜCK ca. 400 kcal
E 5 g · F 21 g · KH 46 g

❄ *Lässt sich gut einfrieren*

Ofenfertig in **20** Minuten

Cremekeks-Muffins

ZUTATEN FÜR 12 STÜCK

♥ 1 Packung (176 g) Schokokekse mit Vanillecreme (z. B. „Oreo")
♥ 75 g weiche Butter
♥ 75 g Zucker
♥ 1 Päckchen Vanillezucker
♥ Salz ♥ 1 Ei (Gr. M)
♥ 150 g Mehl
♥ 1 ½ TL Backpulver
♥ 100 g Buttermilch
♥ 12 Papierbackförmchen (5 cm Ø)

1 Backofen vorheizen (E-Herd: 175 °C/ Umluft: 150 °C/Gas: s. Hersteller). Die Mulden eines Muffinblechs (für 12 Stück) mit Papierförmchen auslegen und je 1 Keks hineinlegen.

2 Übrige 4 Kekse grob hacken. Butter, Zucker, Vanillezucker und 1 Prise Salz mit den Schneebesen des Rührgerätes cremig rühren. Ei unterrühren. Mehl und Backpulver mischen und im Wechsel mit der Buttermilch kurz unterrühren. Gehackte Kekse unterheben.

3 Teig in die Förmchen verteilen. Im heißen Ofen ca. 25 Minuten backen und auskühlen lassen. Dazu schmeckt Schlagsahne.

ZUBEREITUNGSZEIT ca. 45 Min.
STÜCK ca. 200 kcal
E 3 g · F 9 g · KH 27 g

 *Lassen sich gut einfrieren*

Ofenfertig in **20** Minuten

Crème-fraîche-Grieß-Gugelhupf mit Orangenguss

ZUTATEN FÜR CA. 20 STÜCKE

- ♥ Fett und Mehl für die Form
- ♥ 6 Eier (Gr. M)
- ♥ 225 g + 100 g Zucker
- ♥ 1 Päckchen Vanillezucker ♥ Salz
- ♥ 200 ml neutrales Öl
- ♥ 200 g Crème fraîche
- ♥ 125 g Mehl
- ♥ 250 g Weichweizengrieß
- ♥ 75 g Kokosraspel
- ♥ 1 Päckchen Backpulver
- ♥ 2–3 Orangen
- ♥ Alufolie ♥ Holzspieß

1 Ofen vorheizen (E-Herd: 175 °C/Umluft: 150 °C/Gas: s. Hersteller). Eine Gugelhupfform (ca. 22 cm Ø; ca. 2,5 l Inhalt) gut fetten und mit Mehl ausstäuben.

2 Eier, 225 g Zucker, Vanillezucker und 1 Prise Salz mit den Schneebesen des Rührgerätes ca. 5 Minuten dickcremig rühren. Öl und Crème fraîche zufügen, unterrühren. Mehl, Grieß, Kokosraspel und Backpulver mischen. Zur Eiermasse geben und unterrühren.

3 Teig (er ist recht dünn) in die Form füllen und im heißen Backofen ca. 50 Minuten backen (nach ca. 35 Minuten mit Alufolie abdecken). In der Form ca. 20 Minuten abkühlen lassen.

4 Für den Sirup Orangen auspressen und ca. 150 ml Saft abmessen. Mit 100 g Zucker aufkochen, 2–3 Minuten köcheln. Kuchen aus der Form auf eine Tortenplatte stürzen. Mit einem Holzspieß öfter einstechen. Heißen Sirup langsam und gleichmäßig über den Kuchen träufeln.

ZUBEREITUNGSZEIT ca. 1 ¼ Std. + Wartezeit
STÜCK ca. 290 kcal
E 5 g · F 17 g · KH 31 g

❄ *Lässt sich gut einfrieren*

Ofenfertig in
20
Minuten

Johannisbeer-Marzipan-Schnecken

ZUTATEN FÜR CA. 12 STÜCK

♥ 200 g kalte Marzipanrohmasse
♥ 1 Ei (Gr. M)
♥ 1 Rolle (450 g) frischer Hefeteig (Kühlregal)
♥ 400 g TK-Johannisbeeren oder gemischte TK-Beeren
♥ 150 g Puderzucker
♥ Backpapier

Ofenfertig in
15
Minuten

1 Backofen vorheizen (E-Herd: 200 °C/Umluft: 175 °C/Gas: s. Hersteller). Backblech (ca. 35 x 40 cm) mit Backpapier auslegen.

2 Marzipan grob raspeln und in einen hohen Rührbecher geben. Ei zufügen und mit den Schneebesen des Rührgerätes glatt rühren.

3 Hefeteig entrollen und dünn mit Marzipanmasse bestreichen. Dabei rundherum einen ca. 1 ½ cm breiten Rand frei lassen. Gefrorene Beeren darauf verteilen. Teig von der Längsseite her aufrollen.

4 Rolle in ca. 12 Scheiben schneiden. Die Messerklinge dabei immer wieder in Mehl wenden. Schnecken aufs Blech legen. Im heißen Ofen 15–20 Minuten backen. Puderzucker und 4–5 EL Wasser verrühren. Schnecken aus dem Ofen nehmen und mit dem Guss bestreichen. Auskühlen lassen.

ZUBEREITUNGSZEIT ca. 35 Min.
STÜCK ca. 250 kcal
E 4 g · F 8 g · KH 38 g

FIX ALS KUCHEN

Sie können die Schnecken auch alle in eine mit Backpapier ausgelegte Springform (26 cm Ø) setzen und dann ca. 30 Minuten backen. Ebenfalls heiß mit Guss bestreichen.

Apfel-Brownietarte

ZUTATEN FÜR CA. 16 STÜCKE

- ♥ Fett für die Form
- ♥ 100 g Edelbitterschokolade (70 % Kakao)
- ♥ 100 g Walnusskerne
- ♥ 4 Äpfel (ca. 750 g)
- ♥ 3 EL Zitronensaft
- ♥ 100 g Butter
- ♥ 75 g Mehl ♥ 50 g Kakao
- ♥ 2 gestrichene TL Backpulver
- ♥ 200 g brauner Zucker
- ♥ 1 Päckchen Vanillezucker
- ♥ Salz ♥ 3 Eier (Gr. M)
- ♥ 150 g Crème fraîche
- ♥ 4 EL Aprikosenkonfitüre
- ♥ Puderzucker zum Bestäuben

1 Backofen vorheizen (E-Herd: 175 °C/ Umluft: 150 °C/Gas: s. Hersteller). Springform (26 cm Ø) fetten. Schokolade und Nüsse grob hacken. Äpfel schälen, vierteln und entkernen. Die runde Seite nach Belieben mit den Zinken einer Gabel einritzen und mit Zitronensaft beträufeln. 100 g Butter schmelzen, lauwarm abkühlen lassen.

2 Mehl, Kakao, Backpulver, braunen Zucker, Vanillezucker und 1 Prise Salz mischen. Eier mit den Schneebesen des Rührgerätes ca. 5 Minuten cremig rühren. Flüssige Butter nach und nach unterrühren.

3 Mehlmischung mit einem Kochlöffel kurz unterrühren. Dann Crème fraîche unterrühren. Schokolade und Nüsse

unterheben. Teig in die Form streichen. Äpfel mit der runden Seite nach oben darauflegen. Kuchen im heißen Ofen zunächst ca. 25 Minuten backen.

4 Konfitüre erwärmen. Kuchen herausnehmen, Äpfel sofort mit der Konfitüre bestreichen und ca. 20 Minuten weiterbacken. Kuchen auskühlen lassen und mit Puderzucker bestäuben.

ZUBEREITUNGSZEIT ca. 1 ¼ Std.
STÜCK ca. 260 kcal
E 4 g · F 13 g · KH 29 g

❄ *Lässt sich gut einfrieren*

Ofenfertig in
30
Minuten

Sommerpflaumen-Clafoutis

ZUTATEN FÜR 4–6 PERSONEN

- ♥ 6 Sommerpflaumen oder 6–8 TK-Pflaumen
- ♥ Fett für die Form
- ♥ 1 EL + 50 g + 50 g Zucker
- ♥ 2 EL Zwetschenwasser
- ♥ 4 Eier (Gr. M)
- ♥ Mark von 1 Vanilleschote
- ♥ Salz
- ♥ 125 g Mehl
- ♥ 100 g Schlagsahne
- ♥ 100 ml Milch
- ♥ Puderzucker zum Bestäuben

1 Backofen vorheizen (E-Herd: 175 °C/ Umluft: 150 °C/Gas: s. Hersteller). Pflaumen waschen, entsteinen und in einer ofenfesten gefetteten Form verteilen. Mit 1 EL Zucker bestreuen und mit Zwetschenwasser beträufeln.

2 Eier trennen. Eiweiß mit den Schneebesen des Rührgerätes steif schlagen und dabei 50 g Zucker einrieseln lassen. Beiseitestellen. Eigelb, Vanillemark, 50 g Zucker und 1 Prise Salz mit den Schneebesen des Rührgerätes cremig rühren. Mehl, Sahne und Milch abwechselnd unterrühren. Eischnee in 2 Portionen unterheben.

3 Teig über die Pflaumen gießen und im heißen Ofen ca. 30 Minuten backen. Clafoutis aus dem Ofen nehmen. Mit Puderzucker bestäuben und warm servieren. Dazu schmeckt Schlagsahne.

ZUBEREITUNGSZEIT ca. 50 Min.
PORTION ca. 330 kcal
E 9 g · F 12 g · KH 41 g

JE NACH SAISON

Ein Clafoutis lässt sich ganz schnell variieren. Probieren Sie je nach Saison auch Erdbeeren, Aprikosen, Sauerkirschen oder Pfirsiche.

Ofenfertig in **20** Minuten

A

Apfel-Brownietarte 186

Arme Ritter mit Schinken & Käse........... 144

Asiahackbällchen auf Sesamspinat.......... 39

Asianudeln mit Rindfleisch & Brokkoli ... 132

B

Bandnudeln mit Lachs-Zucchini-Soße 23

Blumenkohl, gebratener, mit Hack........... 45

Bratfisch auf Rahmgemüse 95

Bratnudeln mit Schinken und Ei 19

Bratreis mit Steak und Nüssen............. 136

Butterkuchen, Sahne-, mit Beeren..........179

C

Chili con Carne mit Baked Beans............. 50

Clafoutis, Sommerpflaumen-..................187

Crème-fraîche-Grieß-Gugelhupf
mit Orangenguss 184

Cremekeks-Muffins 183

Curry-Gemüsesuppe.............................. 91

E

Eierragout mit Brokkoli 89

Entenbrust mit Asiagemüse 129

Entenbrust mit Rucola-Tomaten-Salat ... 149

Erbsencreme, feine 82

Erdnussfrikadellen und Mangosalat........ 42

F

Feta, gerösteter, mit gemischtem Salat.... 65

Feta, panierter, auf mediterranem Salat.... 61

Filetgeschnetzeltes in Noilly-Prat-Sahne..166

Filetsteak mit Bohnen und Champignons 113

Fischcurry, rotes, mit Basmatireis 101

Fischpfanne mit Senfschmand 12

Fischragout, feines, mit Garnelen 165

Fladenbrotpizza Margherita................... 122

Flammkuchen, zweierlei 141

Frikadellen mit Kohlrabi-Möhren-Gemüse..46

Frischkäsebaguettes mit Roten Beten.....147

Frischkäse-Blätterteigtaschen mit Salat .. 86

G

Garnelenpfanne mit Reisnudeln............. 135

Garnelen-Tomaten-Pfanne 54

Geschnetzeltes in Tomatensahne 163

Geschnetzeltes mit Pestosahne 159

Gnocchi alla carbonara 27

Gnocchi-Auflauf Tomate-Mozzarella 127

Gyros-Tomatensuppe.............................176

H

Hack-Gemüse-Pfanne mit Reis 20

Hack-Paprika-Reis 38

Hackpfanne mit Sprossen 40

Hähnchencurry „sauer-scharf".............. 139

Hähnchenfilet im Schinkenmantel 51

Hähnchenfilets auf Chorizoreis.................17

Hähnchenfilets in Paprikarahm 123

Hähnchengratin mit Tomaten 171

Hähnchen in Pfifferlingsrahm.................174

Hähnchen mit gebratenem Spargel
und Estragonsoße................................... 52

Hähnchenragout mit Senf
zu Schnittlauchpüree 162

Hähnchenschnitzel mit Spinatnudeln..... 153

Hähnchenstreifen mit
Paprika und Zuckerschoten................... 160

Handkäse mit Linsenvinaigrette 68

Huftsteaks mit Gorgonzolapilzen 114

J

Johannisbeer-Marzipan-Schnecken....... 185

K

Kabanossi-Bohnen-Chili, schnelles.......... 73

Käsegnocchi, gratinierte 31

Käsesuppe mit Schinkenchips............... 64

Kartoffeln, gefüllte, mit Barbecuemett 41

Kartoffelpfanne mit Hähnchen.................18

Kartoffelsuppe mit Speck und Erbsen.......74

Kasseler-Ananas-Curry......................... 161

Kasselerpfanne mit grünen Bohnen........... 9

Kasselersteaks mit Möhrenstampf 109

Kirschkuchen, Becher-, mit
Vanillejoghurt 182

Knusperlachs mit Selleriepüree............. 98

Knusperschnitzel und Kartoffelsalat 107

Kohlrabigratin mit Schinken & Käsesoße 119

Krautsuppe, Szegediner, mit
Mettwürstchen 80

Kürbissuppe mit Schinkenröllchen 76

L

Lachsdöner mit Knoblauchsoße................57

Lachsfrikadellen mit Wasabipüree.......... 100

Lachs in Senfrahm mit Chicorée 96

Lachs, Teriyaki-, mit Gurkensalat 102

Leberkäse, gebackener, mit Camembert
& Preiselbeeren 126

Leberkäseragout mit Bratkartoffeln........167

Linsen-Blumenkohl-Pfanne, orientalische 85

Linsen-Dal mit Kokosmilch 78

M

Mandarinenkäsekuchen mit Kokosrand .. 181

Matjescocktail mit Kartoffelpuffer 97

Medaillons, gratinierte, mit
Käse-Pfeffer-Soße 152

Medaillons mit Kapern-Sardellen-Butter .. 56
Mett-Kartoffel-Pfanne mit Kohl............... 43
Minutensteaks mit Balsamicolinsen 106
Minutensteaks, überbackene, „caprese" . 49
Möhrensuppe mit Hähnchenspießen........ 83
Mozzarellapäckchen auf Blattspinat 69

N

Nackensteak mit Ratatouille 115
Nudelauflauf, Blitz-, mit Hack
und Gemüse...................................47
Nudeln in Spinat-Mascarpone-Soße 25
Nudeln mit Nuss-Champignon-Soße........ 28
Nusstofu auf winterlichem Salat............. 93

O

Ofenkäse mit Honig-Thymian-Zwiebeln ... 62
Orecchiette mit Salami und
Tomatenpesto... 32

P

Pannfisch, schneller, mit Senfsoße 103
Paprikahähnchen, überbackene,
mit Feta 125
Paprika-Steakpfanne 156
Paprikasuppe, gelbe, mit Chorizo 75
Pasta pronto mit Putenbrust und Pilzen ... 30
Penne in Thunfisch-Tomaten-Soße.......... 34
Pfannkuchen vom Blech Bologneser Art....37
Pusztaschnitzel mit Reis 110
Putenmedaillons zu Sauerkrautsalat...... 150
Putensteaks mit Tomaten-Pilz-Sugo 105
Putensteaks mit Tortilla-Käse-Kruste.......117
Pute süßsauer mit Aprikosen 55
Putenstreifen & Spinat in Kokossoße 137
Putentoast, überbackenes, mit
Aprikosen.. 146

R

Rindergeschnetzeltes, scharfes............ 134
Rindfleischsalat, thailändischer............ 130
Rindfleischstreifen in Mascarponesoße.. 164
Risotto, Blitz-, mit Kräuterseitlingen 92
Roastbeef mit Rucola-Remoulade 177
Röstgemüsepfanne, mediterrane.............87
Rouladen, Mini-, „andaluz" 169

S

Sahnehähnchen mit Zuckerschoten..........10
Sauerkrautpfanne mit Schweinefilet.........15
Schinken-Käse-Schnecken 154
Schinken-Kräuterbrot-Auflauf 118
Schlemmerbaguette mit Steaks & Brie .. 124
Schmorgurkensuppe mit Feta und Hack .. 79
Schmortomaten mit Kabanossi.................11
Schnitzel, Curry-, mit Spinat 173
Schnitzel-Flute „caprese" 142
Schnitzeltaschen mit Camembert...........175
Schupfnudel-Kürbis-Pfanne 16
Schupfnudelpfanne mit Zwiebelmett 155
Schweinefilet-Mango-Curry 131
Schweinefilet mit Gnocchi & Senfsoße..... 59
Schweinefilets, gratinierte, auf Spitzkohl 120
Schweinefleisch in
Knoblauch-Soja-Soße 138
Schweineschnitzel alla pizzaiola 111
Spaghetti alla carbonara........................ 53
Spaghetti in Wodkasoße mit
Steakstreifen.......................................172
Spaghetti mit Hack-Brokkoli-Soße 151
Spaghetti mit rotem Macadamiapesto 88
Spaghetti mit Steak und
Röstpaprikasoße 26
Spargel, gebratener, mit Sesamgnocchi..157
Spundekäse mit Paprika 63
Steaksandwiches mit Paprikasalsa........ 145
Steaks mit Tortillakruste & Peperonireis..170
Steaks zu buntem Gemüse 108
Steaks, Pesto-, zu Zitronenmöhren........ 112

T

Thaicurry mit Pute & Gemüse 133
Thymian-Knoblauchcreme.......................87
Tomate-Mozzarella-Omelett 14
Tomaten-Bratwurst-Pfanne 21
Tomatenfisch, mediterraner.................... 99
Tomaten-Obatzda mit Nüssen 66
Tomaten-Pizzakuchen, saftiger, mit Mett.. 44
Tomaten-Ricotta-Makkaroni
mit Hackbällchen................................... 29
Tomatensuppe mit Avocado.................... 77
Tortellini-Brokkoli-Gratin 24
Tortellini in Schinken-Sahne-Soße........... 35
Tortelloni-Auflauf mit Chorizo 121

W

Wraps mit Hähnchen und
Mangochutney 143

Z

Ziegenkäse, gegrillter, mit Äpfeln..............67
Zitronenpasta mit Schweinemedaillons.... 33
Zitronentarte, feine 180
Zucchini-Kresse-Suppe mit Krabben 81
Zucchinipfanne mit Kabanossi............... 58
Zucchini-Salbei-Frittata 13
Zwiebelkuchen mit Ziegenkäse 90